教育孩子不能不懂的心理学

墨菲定律

孙红颖◎编著

MURPHY'S LAW

時代｜成都时代出版社
CHENGDU TIMES PRESS

图书在版编目（CIP）数据

教育孩子不能不懂的心理学：墨菲定律 / 孙红颖编著.
-- 成都：成都时代出版社，2016. 8（2019.8重印）
　　ISBN 978-7-5464-1698-4
　　Ⅰ.①教… Ⅱ.①孙… Ⅲ.①儿童心理学 ②儿童教育—家庭教育
Ⅳ.①B844. 1 ②G78
　　中国版本图书馆 CIP 数据核字（2016）第 170206 号

教育孩子不能不懂的心理学：墨菲定律
JIAOYU HAIZI BUNENG BUDONG DE XINLIXUE : MOFEIDINGLV

孙红颖　编著

出 品 人	石碧川
责任编辑	李卫平
责任校对	李　佳
装帧设计	点石坊工作室
责任印制	干燕飞
出版发行	成都时代出版社
电　　话	（028）86621237（编辑部）
	（028）86615250（发行部）
网　　址	www.chengdusd.com
印　　刷	三河市嵩川印刷有限公司
规　　格	690mm×980mm　1/16
印　　张	16
字　　数	220 千字
版　　次	2016 年 9 月第 1 版
印　　次	2019 年 8 月第 5 次印刷
印　　数	1-15000
书　　号	ISBN 978-7-5464-1698-4
定　　价	35. 00 元

墨菲定律属于心理效应的一种，由爱德华·墨菲提出。其主要内容为：凡事看上去都没有表面上那么简单；所有的事情持续的时间都会比你预想的时间要长；要出错的事情终究会出错；担心某件事情发生，那么这件事情就更有可能发生。

自1949年墨菲定律提出以来，它便被世人引用、延伸到了各个领域——政治、旅行、家居、法律、电脑、销售、教子等，成了一条通用于各个行业的铁律。只是，墨菲定律涵盖了这么多方方面面的内容，而市面上却并没有出现一本只针对某一领域的墨菲定律书籍。鉴于此，我们决心推出墨菲定律系列书籍。

教子，是永远不会过时的话题。有关教子的书籍，更是数不胜数，甚至是泛滥成灾。而随着科学教育的发展，越来越多的父母开始将教子的方法与角度转化到心理学上来，开展起父母、孩子间的心理博弈战，开始离开孩子表面的行为举动，而进一步深入到孩子的内心深处，了解孩子真正的心理需求，以便求得和孩子交流、沟通的最佳效果。

墨菲定律强调了一种偶然中的必然性问题，犯错是人们天生的弱点，我们只能尽可能地减少错误，却无法完全制止错误。在众多情况下，你越是担心什么，就越会发生什么。比如"正确对待孩子的'逆反心理'"一节：孩子长到一定年龄后，有了一定的认知社会的能力，并开始主动参与一些社会活动，融入集体生活，开始渐渐脱离父母的掌控。由此，父母开始担忧孩子会被外界不良因素影响，便更加严厉地监督、要求、限制孩子，这种要求甚至超过了孩子的心理承受极限。这样一来，孩子的心理情绪便也会随之紧绷起来，产生抵触的情绪，进而开始逆着父母的意思，做出不符合父母意愿的举动。毫无疑问，这一切的结果，都是从父母的担心中演变而来的。如若父母选择了一种适中的方式进行引导，而不是在这一成长阶段过于担心、限制孩子的行为，其教育成果必定要好得多。

因此，本书创作的初衷，就是希望广大父母在墨菲定律的引导下，充分了解孩子的心理活动，并依据孩子的心理活动因势利导，以期望收到可观的教育效果。本书在编写过程中，重点突出以下特色：重视方法教育，少讲理论指导。以具体的方法，让父母根据孩子不同的心理特点针对性施教，有助于家庭教育的顺利进行。从墨菲定律中衍生了许多教子定律，并在多种心理学的研究成果和心理学研究规律的辅助下，让父母更好地了解孩子的心理发展轨迹，以使更快地走入孩子的内心世界。

在参考了大量的教育心理学书籍和教子书籍的基础上，我们将此书分为十四章内容，分别从墨菲定律中的教子法则、性格塑造、行为习惯、情绪控制、亲子沟通、学习力、思维能力、目标树立、社交能力、财富教育、挫折教育、品德教育、自律自立、家庭环境等角度，以真实案例、心理测试题、墨菲定律启悟加以辅佐，以墨菲定律为引导，从心理学角度出发，分析孩子的行为活动，进而找出最佳的教育方法，希望能够对广大父母们有所帮助。

本书编者经验有限，在编撰过程中难免有遗漏、不妥之处，敬请广大读者指正，我们将不胜感激。

Contents 目 录

Part 6　学习力中的墨菲定律：
　　　　大人逼迫得越紧，孩子的学习力越低下

Part 7　思维能力中的墨菲定律：
　　　　孩子是你的，但脑袋却是他的

Part 8　目标树立中的墨菲定律：
　　　　给什么样的标签，成为什么样的人

Part 9 社交能力中的墨菲定律：
智商是硬件，情商是软件

Part 10 财富教育中的墨菲定律：
财富不是人生的目的，却是人生的必要工具

Part 1

墨菲定律中的教子法则

墨菲定律是心理效应的一种，强调的是偶然中的一种必然性。近年来，教育界的专家们也越来越多地从关注孩子的外在行为，转移到关注孩子的心理行为上来，因为一切的外在行为都是由心理行为引起的。而墨菲定律强调的是，父母越是担心什么，孩子就越会发展成什么样。所以，父母应该学会适当地放手，张弛有度，不要企图掌控孩子的全部生活。

父母只给了孩子身体，却总想着以精神父母自居

在现实生活中，我们经常可以听到有些父母说："我小时候很穷，我不能让孩子像我一样""我没有上过大学，所以孩子必须得上大学""我觉得学钢琴对将来很有用，所以给孩子报了一个钢琴班"……从这一系列的话语中，我们可以知道，原本只起辅助、引导作用的父母成了教育活动中的主体，他们将自己没有完成的憾事，寄托在了孩子身上，并打着"一切为了孩子"的旗号来获得心理上的补偿和满足感。这在心理学中称之为"代偿心理"。

墨菲定律中说："父母给予孩子的，大多都是他们自己想要的，而从不考虑孩子的感受。"在大多数父母眼中，孩子并非是一个独立的个体，他们生育了孩子，便理所当然地把自己看作是孩子的精神父母，想要强行将孩子塑造成自己理想中的样子。

有个人出身于钢琴世家，他自小的愿望便是能够像父辈那样成就一番辉煌。可是后来他却只成了一名普通的钢琴老师。于是他便将这个梦想寄托在了儿子身上，送儿子去上艺术学校，让儿子从小学习钢琴。只是儿子毕业后，违背了他的意思而做了一名广告策划人。这个结果让他难以接受，几经劝导儿子无效后，他彻夜难眠，最后竟然得了"抑郁症"。

上述事例就是典型的代偿心理，父亲将自己未完成的事情寄托在了儿子身上。心理学中表示，此种心理的产生是由于父母的心理修复机制。心理学定律中说："父母的心理修复机制，是在无意识中进行的，他们在进行心理修复的时候，自然而然地便把孩子当成了替自己完成梦想的替代品。"

其实，父母有这种"代偿心理"也是人之常情，但从孩子的发展角度来说，最为主要的还是应该顺应孩子的自身发展，不要强行塑造孩子，要给予孩子充分的发展自由。

1. 孩子并非你的私有财产

墨菲定律中说："无法掌握自己的人，才会想要去掌控别人。"父母是孩子人生道路上的引导者，而非掌控者。作为父母，不要将自己未能完成的愿望，强行施加在孩子身上。理性的父母，应该尊重孩子个人的意愿，将孩子当作一个独立的个人，而非自己的私有财产，给孩子充分的选择自由。只有这样，才能够让孩子更好地发展。

2. 放弃自己的"理想"，给孩子个人空间

在一些原则性的问题上，父母一定要坚持到底，不能妥协。而在一些不触及原则的小事上，可以放手让孩子去做选择。在孩子自主选择的前提下，父母教育的目标和影响通常也可以达到预期的效果。比如，孩子喜欢钢琴，父母喜欢绘画，在此问题上，父母的理想就要妥协于孩子的理想。

3. 不要让"为父母争光"来扭曲孩子的心理

墨菲定律中说："很多父母打着'孩子的幸福'的名号，剥夺了孩子的快乐。他们喜欢将孩子看作自己展示成果的橱窗，想要让孩子为自己争光。"这种情况在教子中并不少见，父母对孩子立下高标准、高要

求，苛责完美，希望孩子能够出类拔萃，给自己脸上争光。只是这样的教育方式却给孩子的心理带来了极大的负担，轻则会让孩子感到压力沉重，重则可能还会引发孩子心理疾病。

所以，在家庭教育中，父母摆正好自己的位置是教子的前提，不要一味地以孩子的精神父母自居，不要让孩子成为"代偿心理"的牺牲品。孩子只是孩子，他们有自己的发展道路，有自己的发展方向，而父母需要做的，就是根据孩子的兴趣点，引导孩子走自己的人生之路。

墨菲定律启悟

父母追求不到的东西，便将孩子塑造成这个目标的追求者，看似一切为了孩子，实际上就是一场自私自利、自欺欺人的骗局。

受过不良教育的孩子，不如没受过教育的孩子

墨菲定律中说："受过不良教育的孩子，不如没受过教育的孩子。"。家庭教育对于孩子的心理发育、人格形成等都有着直接的作用和影响。孩提时代，是一个可塑性极强的时期，也是孩子接受家庭教育的最好时期。有心理学研究表明，那些表现出行为偏离和心理障碍的人，大多都是从孩童时期开始的，而造成这种不良心理状态的最根本原因，就是受到不良环境和教育的影响。家庭作为第一教育场所，在其中担负着不可推卸的责任。

从家庭环境来说，父母离异、父母关系紧张等都会给孩子的人格发展带来极大的不良作用，使得孩子产生消极情绪、自卑心理等；从亲子沟通上来说，父母过高的期望值、不打不成才的教育观念、宽严不一的教育方式、极端的评价、隔代教育等，也都不利于孩子的成长发展，甚至让孩子在此过程中开始怀疑自己的能力，开始变得盲目、悲观起来；从教养方式上来说，很多父母重视智能忽略德行，重视分数而忽略能力，重视身体而忽略心理，重视专制而缺少民主等，进而使得孩子发展不全面、缺少独立意识、依赖感强、心理不健康等。

以上都是不良的家庭环境和教育方式，对于孩子的发展有百害而无一利。高尔基说："如果只知道爱孩子，而不懂得方法和技巧的话，和母鸡没有什么不同。"所以，父母要想改善这一情况，就需要做到以下几点：

1. 父母应该多学习一些教育学、心理学的知识

作为父母，要想更好、更正确地教育孩子，就应该多学习一些教育学、心理学方面的知识，掌握正确的教子方法，树立正确的教育观念，了解孩子的心理活动，以此来引导孩子、教育孩子。

2. 重视智育的同时，更要注重德育

在中国的传统家庭教育中，"做人"是教子不可或缺的内容。然而，随着社会的发展，生活水平的不断提高，父母对于孩子"做人"的培养却是愈加缺失。他们将全部的重点放在了孩子的学习成绩、智力培养上，而使得一部分的孩子德智发展极为不平衡，最终也无法成为父母、社会眼中的有用之人。

所以，父母应该摆正智育和德育的位置，只有将孩子培养成一个德行兼备的人，才能够发挥出智力的最大效应。所以，在实际生活中，父母应该根据孩子的身心发展状况，培养孩子识别真善美的能力，让孩子正确认知社会，正确认知自我。

3. 要重视对孩子心理素质的培养

很多父母只重视孩子的身体健康，却忽略了孩子的心理健康。其实，不良的心理素质并不亚于身体上的疾病疼痛，所以在教子过程中，健康的心理教育也是必不可少的一项内容。作为父母，要懂得尊重孩子的人格，培养孩子的责任心、独立意识、自立品格等。

4. 最好的办法莫过于言传身教

墨菲定律中说："父母现在的习惯，就是孩子将来的习惯。"对于心理机制还未发育成熟的孩子来说，他们会利用一切机会来模仿父母的言行举止。心理研究表明，在孩子心理发展过程中，年龄越小的孩子，他的模仿能力就越强。这样一来，父母的一言一行就给孩子带来了不可估量的影响。所以，作为父母，在教子过程中，一定要以身作则，不要传递给孩子不好的理念和习惯。

> **墨菲定律启悟**
>
> 在好的教育环境中成长的孩子，不一定有一个好的发展；在不好的教育环境中成长起来的孩子，却一定不会有好的发展。

没有最佳教育，只有最适合的教育

在现实生活中，很多父母教育孩子，都好比在操作一台机器一样，希望孩子的动作能够完全契合他的指挥。可他们却忘记了，孩子并非是冰冷的机器，而是一个有思想、有意识的独立个体，他们有各自的特质、各自的优点，而非千篇一律。

从心理学角度来讲，孩子的认知方式和个体人格差异都有所不同，而这也成了因材施教时所必须考量的心理变量。比如场独立性（不易受外界事物的干扰，可以独立作出判断）的孩子，对科学、机械等方面比较感兴趣。所以，作为父母，在教育过程中，也不可一味地依照自己的教育方式，而是要懂得发掘孩子的特质，因材施教，才能够教出最好的孩子。

孔子是我国古代著名的思想家、教育家，并率先提出了因材施教的教育理念，这也是孔子教育思想的精髓所在。

有一次，孔子的学生子路匆匆而来，问孔子说："先生，如果我听到了一种比较正确的主张，我可以立即去做吗？"孔子说："不可，还是要询问你父亲和兄长的意见。"子路走了之后，冉有走了进来，说："先生，如果我听到一种正确的主张，我可以立即去做吗？"孔子回答说："应该立即去做。"这两幕场景被孔子的另一个学生公西华看到了，他奇怪地问孔子："先生，同样的问题，您为何有两种答案？"孔子回答说："子路爱逞强，做事考虑不周，所以我希望他能够多征询他人的建议，遇事三思而后行；冉有性格犹豫，为人谦逊，我希望他能够遇事果断一些，所以我建议他立即去做。"孔子一言，便道出了学生之间的性格差异，而这也是因材施教的原因所在。

由此可见，每个人都有自己的个性，都有自己独特的气质。所以，父母在教子过程中，应该牢固掌握孩子自身的特点，顺应孩子的个体优势发展，并在此教育过程中，缩小孩子的劣势区域。墨菲定律中说：

"一个人若是选择了和他气质、个性不符合的学业、职业，那么他是永远做不好的。"

那么作为父母，该如何正确因材施教呢？德国汉堡大学著名心理学家扎比内·梅尔巴迪根据孩子气质的差异给出了不同的建议：

1. 性格乖巧的孩子

性格比较乖巧的孩子，适应能力比较强，不过却不善于和陌生人打交道。他们几乎很少发表言论，也很少提出过分的要求。不过这一类的孩子，因为对周围环境过度地在意，而会很容易受周围环境的影响，很容易因此而失去自信心。所以，对于这一类孩子，父母一定要着重培养他们的自信心，培养他们的独立意识和个人意识。

2. 性格比较腼腆的孩子

这类型的孩子对环境的适应能力比较弱，需要一段时间才能够适应新的环境。所以父母在培养这类型的孩子时，不要强迫他立即融入一个环境中，更不要打破他自己的节奏，让他提前活跃起来。而是应该顺着孩子的情绪发展，慢慢地让他适应下来。否则，只能让孩子失去了参与社交活动的兴趣，百害而无一利。

3.性格比较活泼的孩子

这一类型的孩子，活泼好动，好奇心重，冒险精神十足。他们的生命力比较旺盛，但却不一定合群。对于这一类型的孩子，父母要有意识地引导

> **墨菲定律启悟**
>
> 不好的教育方式有成千上万种，但绝不存在一种适用于上万人的最佳教育方式。

孩子的探索精神，不可样样宠溺，以免养成自私自利、任性的性格。

贴什么样的标签，就会培养出什么样的孩子

一个人被别人贴上什么样的标签，他们就会根据标签进行印象管理，并依据标签的内容来重新塑造自己。这种现象在心理学中被称为"标签效应"。这个效应在家庭教育中占有举足轻重的地位。就好比墨菲定律中所说："当父母称呼自己的孩子为'笨蛋'时，那么他终将会成为'笨蛋'。"

同样，如果父母给孩子贴上"天才"的标签，孩子也会努力朝着"天才"的方向发展。由此可见，"标签效应"对孩子的一生影响巨大，而它所起到的作用也有两个方面：消极的、积极的。

作为父母，我们应该经常给孩子贴一些积极、正面的"标签"，并给予孩子适当的鼓励，让孩子在父母的引导下发展。我们需要知道的

是，在孩子的成长发展过程中，他们认知自我的主要途径便是来自父母的评价。如若家长给孩子贴上了不好的标签，将会给孩子带来致命的打击，从而消极对待人生和学业。

所以父母在使用"标签效应"时，一定要注意自己的态度和方法，教导孩子正确地认知自己、认知世界，不要让标签捆绑孩子的手脚。

1. 标签的作用虽大，但也不可以乱贴

很多父母喜欢讽刺孩子的缺点，想要以此激励他们，从而将"笨蛋""傻瓜"等词语运用到自己的孩子身上。心理学家表示，此种"激将法"虽然有一定的可行性，但是在施行这一方法之前，一定要了解孩子的特质，否则可能会适得其反。

比如，一些理解能力、独立性比较强的孩子，在父母给他贴上一些不好的标签时，他能够保持主见，并会产生与标签内容相对抗的想法。对于这样的孩子来说，"激将法"算是一种不错的方法。而对于那些理解能力、独立性比较差的孩子来说，就不适合用这种方法了，否则他们只会按照父母口中的标签发展下去，不利于他们之后的成长。

所以，"标签效应"虽然对教育孩子有一定的用处，但作为家长还是不可以乱用，更不可以给孩子乱贴。

2. 父母要正确对待、引导和孩子有关的社会评价

孩童时期的认知能力和心理发育都处于初始阶段，判定是非对错、善恶美丑的能力比较薄弱，外界的一点风吹草动都可以影响到孩子心理素质的形成。当孩子听到外界的一些评价时，他们便会潜意识地对这种评价带有认同感，从而根据这种评价来塑造自己的行为，时间久了，甚至会影响到孩子的一生。作为父母，在面对这种情况时，要懂得做出适时的引导，勿让外界的评价影响到孩子的心理发展。

3. 保持教育上的一致

通常情况下，父母在教子方面也会有各自的分工，比如"虎爸猫妈""虎妈猫爸"等，一个唱红脸一个唱白脸。不过，在"标签效应"上，父母应保持教育观念上的一致。比如当孩子容忍别人的错误时，母亲夸奖他"宽容"，而父亲却责骂他"胆小"。同样的事情，父母却贴出了不一样的标签。这样的教育方式就很难达到理想中的效果。所以，父母在给孩子贴标签的时候，两人应该提前做一些商议，选出一个比较正面的标签，保持统一的立场。

4. 不轻易地批评，也不轻易地夸奖

当孩子出现某种不正确的行为时，父母可以加以批评，但不可以上升到孩子的品质和能力方面。比如有些孩子不喜欢叠被子，父母便给他贴了一张"懒惰"的标签；同样，当孩子做出某种正确

> **墨菲定律启悟**
>
> 孩子被贴上什么样的标签，就会成为什么样的人。

的举动时，父母所要表扬的也应该是这种举动的本身，而不能无限地夸大事实，造成孩子认知上的模糊。

早教进行得越晚，潜能就发挥得越少

儿童心理学研究专家陈鹤琴说："从出生到七岁，是人生最重要的一个时期，什么习惯、言语、技能、思想、态度、情绪都要在此时期打

下一个基础，若基础打得不稳固，那健全的人格就不容易塑造了。"他的一句话道出了早期教育的重要性。

墨菲定律中说："人生头几年的发展，胜过之后所有发展的总和。"所以说，决定孩子一生发展的因素，并非是你出生在一个什么样的国家，一个什么样的家庭，而是在于你接受了怎样的早期教育。

美国著名心理学家鲍里斯·塞德尔兹的儿子威廉·詹姆士·塞德尔兹十四岁便从哈佛大学毕业，成为轰动一时的小神童。威廉之所以有如此成就，这和他所受的早期教育是分不开的。

威廉不到两岁时便开始接受教育，三岁时就能够进行简单的读写，五岁时开始学习生理学，没多久就达到了执业医师的水准。六岁时，他学完小学的全部课程，七岁时自学了高等数学。八岁时编写了天文学、拉丁语语法的教科书，九岁时解出了麻省理工学院的博士考题。十一岁进入哈佛大学，十四岁哈佛本科毕业，并开始在研究生院攻读博士。

不得不说，威廉·詹姆士·塞德尔兹就是当之无愧的"天才神童"，而这一切的成果却都离不开他自小所受到的教育。现代脑科学、心理学研究表明，3岁之前是孩子大脑发育最迅速的时期，也是孩子一生中最为重要的阶段。孩子在两三岁的时候，就拥有了语言和学习的能力，3岁之前的大脑已经完成了60％的配线工作，4岁孩子的智力相当于17岁的一半。如若父母错过了这个时期，之后不管花费再多的努力可能都无法弥补过来。

那么，父母应该如何进行早期教育呢？

1. 对宝宝感觉器官的训练

视觉：新生儿的房间布置的要宽敞，最好有一些比较鲜艳的事物，锻炼宝宝的视觉能力。

嗅觉：让宝宝识别各种气味。

听觉：不仅要人声，也要音乐。

触觉：让宝宝接触不同材质、形状的物体。

味觉：让宝宝品尝酸甜苦辣等味道。

2. 注意发展宝宝的人际交往能力

墨菲定律中说："人们都努力想要以专业知识来打开成功的大门，只可惜成功大门只为拥有广阔人脉的人打开。"所以人际交往能力也是早期教育中不可或缺的一部分。父母可以有选择性地让宝宝接触一些同龄人，

> **墨菲定律启悟**
>
> 　　幼儿期是人生智力发展的关键期。进行早期教育的核心在于提供一个教育营养丰富的环境。

并教给宝宝一些待人接物的礼仪，提高宝宝的自信心。

3. 不要扼杀好奇宝宝的问题

宝宝认知世界的第一步就是观察世界，他们对周围的一草一木、一沙一土都有着很浓厚的兴趣。当宝宝提出各种问题时，父母应该耐心回答，并引导他们积极思考，以带动他们认知世界的欲望。

4. 语言能力

在宝宝很小的时候，父母就应该注重对孩子语言能力的培养。要注重增加宝宝的语言信息量，要教育宝宝使用规范化的语言，比如父母每天可以抽出固定的时间为宝宝朗读文章。

5. 动手能力和体能训练

父母应该多带宝宝进行一些户外活动，提升宝宝的身体素质，让宝宝拥有一个健康的体格。此外，动手能力是人类赖以生存的技能。父母

要培养孩子的自我服务意识，让宝宝自己动手。

6. 带宝宝多旅行，增长宝宝的见识

旅行是人生最好的给养。在宝宝很小的时候，父母就应该带着他们去感受大自然，去图书馆，去博物馆等，在此过程中，既陶冶了宝宝的性情，又增长了宝宝的见识。

最美的教育不是传授，而是欣赏和激励

墨菲定律中说："父母看到的是孩子的缺点，那么这个缺点将会被无限放大；父母看到的是孩子身上的优点，这个优点也会被无限地延伸。"有一个心理学术语叫"转意式重新框视"，意为从现有状况中，寻找一种新的意义，它可以运用在各个领域。而在教子方面，它所展现更多的是一种父母对孩子的认知效应：从孩子的缺点中寻找优点，以此激励孩子。

诺贝尔物理学奖获得者卡尔·大卫·安德森的成功，便离不开父母对他的鼓励。

小时候的安德森比同龄人显得笨拙呆板一些，也为此常受到他人的嘲笑和讥讽。有一次，安德森因思考一个问题而站在马路中间忘了行走，以致交通拥堵。周围的人都说："那个小子就是一个白痴。""他的脑袋肯定被门挤过。"……不过安德森的父母却从中发现了一件了不起的事情：在做一件事情时，安德森的耐力总要比同龄人强很多。他可以长时间地思考一个问题，研究一件东西，也因而让他在思考方面有了专注优势。所以当别人嘲讽安德森时，他的父母总会极力为他辩护，并称赞他是"最会思考的孩子"。这种称赞给安德森带来了莫大的鼓励。

父母的这一激励策略在安德森身上引发了巨大的优势效应：安德森27岁时发现了正电子，31岁便获得了诺贝尔物理学奖。

试想一下，如若安德森的父母和周围人一样，也认为安德森是一个白痴、呆滞的孩子，那么20多年后的诺贝尔奖台上，或许就不会出现安德森的名字了。欣赏教育，其实就是一种积极的心理暗示：他是一个受父母喜欢的孩子。由此一来，当家长在鼓励孩子的时候，就会让孩子在潜意识中养成一种自我向上的精神，能够自动自发将父母眼中欣赏的部分放大。同样，当你在责骂孩子的时候，也会在他心中形成一种不良的心理暗示：父母眼中的缺点会越来越多，孩子的发展也会越来越缓慢。

墨菲定律中还表示：没有了欣赏，一个再有诚意的艺术家，也失了创作的热情。所以，不要小看欣赏的力量。那么，在面

墨菲定律启悟

一次责骂给孩子带来的不良影响，需要父母用十一次的欣赏来抵消。

对孩子时，我们如何将欣赏的力量发挥到极致呢？

1. 家长要信任孩子

很多父母在教育子女过程中，都常常用审视的目光看着孩子，这样做的后果，反而会适得其反，甚至会引发他们的逆反心理。所以，当孩

子遇到什么挫折、困难或者是树立什么样的目标时，作为父母，应该尽可能地说"我们相信你，一定能够克服"，或者是"我们相信你一定可以做到"等。

2. 父母要欣赏到孩子的每一点进步

父母发现孩子的进步时，一定要进行及时的鼓励和赞美，并且要说出表扬他的原因。此外，尤为需要注意的是，即时的表扬要比事后的表扬更有效。比如："哇，你今天写完作业之后才看的电视，真棒""今天早上你竟然多看了半个小时的书，很优秀"等。

3. 给孩子设置一个橱窗展览

在孩子的房间可以设置一个玻璃橱窗，里面摆放孩子的奖品、纪念品，亦或者是父母写给孩子的一些鼓励的话语等。这些物品的设置，可以随时唤起孩子的自信心，能够唤醒那段快乐的回忆，能够让孩子乐观地对待困难、在困难面前无所畏惧。

此外，需要注意的是，父母进行欣赏教育时，一定要欣赏你希望他去做的行为举动，而非刻意地恭维和吹捧。好的嘉奖，坏的也应注意批评。只有这样，才能让欣赏教育的力量发挥到最大。

父母自作主张地帮了孩子，却会害了孩子

在国外存在着一种"直升机父母"，哥伦比亚大学心理学教授对此解释为："从表面上来说，这些父母总是在不计代价地帮助孩子，不过

这种帮助孩子的行为，不仅没有给父母带来任何益处，甚至还给孩子带来了不可估量的坏处。"在现实生活中，这种父母并不少见：他们不顾一切地给孩子补充营养，结果养出一个营养过剩、体重超标的孩子；他们万事包办、有求必应，结果养出了一个游手好闲、不爱劳动的孩子；他们满足孩子的一切需要，哪怕这个需要是多么地不合情理……

墨菲定律中说："为了孩子，他们什么都做，他们完全放弃了自己的生活，最后却不如什么都不做。"他们无条件地为孩子付出，即便这种付出是极其有害的，他们却也不懂得停止。从心理学角度来讲，父母的这种"无私奉献"，带有一种自私、自恋的心理，他们对自我价值的认同比较低，他们希望被孩子不断地"需要"，以此来证明自己存在的价值。这样的父母，本身是没有职业规划、人生目标的，除了帮助孩子，他们似乎并没有其他的安排。

在这种环境下长大的孩子，会造成认知上的偏差，他们会认为别人满足自己的需求是理所当然的，甚至是可以利用一些不好的手段来让他人满足自己的需求。他们从父母那里接受到最为自私的教育——所有人都应该以自己为中心，自己所想要的东西必然会得到满足等。所以，当他们接受不了他人的拒绝时，很可能会走向人际交往的极端。

那么，作为父母，该如何防止自己变成"为了爱孩子而害了孩子"的父母呢？

1. 帮助孩子之前，心中要先做好规划

很多父母在听到孩子的需求时，会不计一切后果地想要去帮助他。心理学家建议，当父母出现这种心理冲动时，可以暂时缓和一下，在帮助孩子之前，父母要思考一下如此做给孩子带来的影响：是为了孩子短暂的需求，还是为了孩子长久的生活？思考你做这个举动时对彼此的意义：是消极的？还是积极的？

2. 合理拒绝孩子的需求

墨菲定律中说："当你觉得孩子无法承受'需要不被满足'的痛苦时，或许他正在学着慢慢消化这种痛苦。"其实，孩子的心理承受能力和适应能力远比父母想得要好。所以，面对这种情况时，父母应该有意识地拒绝孩子的需求，让孩子降低对你的期望值，这样他们在面对自己的内心需求时，会尝试着自己动手解决问题，而不是完全依赖于你。

3. 拒绝孩子之后，父母要审视自己的情绪

很多父母，当拒绝了孩子的要求时，内心会升起一种无以言表的愧疚感，这种愧疚感源于他们对孩子的"无私奉献"。所以，当出现这种愧疚情绪时，父母要及时地做出调整，不要让这种情绪影响了你的行动和判断。

4. 提高对自我的认知

很多父母认为，自己的一辈子就是为了孩子而活着，其实这是一种非常错误的价值观念。作为父母应该要知道，在这个世界上，除了这个你认为最为重要的孩子外，你还有很多重要的事情要做，你还有属于自己的生活。所以，当你尽好"父母"的责任后，你应该还要履行作为"独立个体"的责任。

★测试：你的教养方式正确吗

依据测验中的问题，选出答案。

1. 当孩子比较任性的时候（　　　）

　　A. 予以满足　　　　　B. 斥责他

　　C. 不予理睬　　　　　D. 和孩子讲道理

2. 孩子向你诉说他和伙伴之间的事情时（　　　）

　　A. 让他不要打扰你　　B. 没有任何表示

　　C. 认真听孩子说话，并适时做出回应

3. 当孩子有不同看法时（　　　）

　　A. 不让他顶嘴　　　　B. 不理睬

　　C. 让孩子加入讨论，并仔细聆听他们的意见

4. 孩子不喜欢吃某种食物时（　　　）

　　A. 不勉强　　　　　　B. 强迫他一定吃

　　C. 说服他，让他吃　　D. 以奖励的方式让他吃

5. 孩子的建议比较可笑时（　　　）

　　A. 训斥他　　　　　　B. 嘲笑他

　　C. 和孩子一起尝试他的方法，如若行不通再给他讲解道理

6. 玩耍过后，孩子将房间弄得乱七八糟时（　　　）

　　A. 让孩子自己打扫　　　　　B. 等孩子玩耍之后再打扫

C. 和孩子一起打扫 　　　　　D. 你自己打扫

7. 当孩子提出一个你无法回答的问题时（　　）

　　A. 制止他的提问 　　　　　B. 以"他不懂"为由拒绝回答

　　C. 找出答案后再告诉孩子

8. 在客人面前，孩子有不好的表现时（　　）

　　A. 当场训斥他 　　　　B. 让他出去

　　C. 客人走了之后再批评教育他 　　　　D. 客人走了之后惩罚他

测试结果：

D 为 2 分，C 为 1 分，A、B 为 0 分

1～5 分：这样的父母总觉得自己的孩子不听话，其实孩子不听话的根本原因，就是父母不愿意听孩子好好说话。

6 分以上：这样的父母比较成功，亲子沟通也比较顺利。

Part 2

性格塑造中的墨菲定律：性格不好的孩子，无权拒绝坏的际遇

心理学研究表明，一个人的性格养成除了先天性的基因外，最为主要的还是受孩童时期所处的成长环境、所受到的教育、父母的塑造等的影响。墨菲定律中说："性格不好的孩子，也就没有权利拒绝坏的际遇。"由此可见，性格对一个人的影响巨大，培养成功的孩子，就要培养性格好的孩子。而培养性格好的孩子，就不得不了解孩子的性格心理学。明晰孩子的心理特征，才能够从中找出突破点，以便更好地对孩子进行性格打磨。

在骄傲的性格里，天才越来越少

心理学中将骄傲定义为：是对自体夸大的天性，是人们对自体理想化的反映。而人一旦有了骄傲的心理，就会变得自负起来，这种自负会伴随着目标未达成的过程而变得越来越焦虑，进而给自己的心理发展带来很不良的影响。所以，在教子过程中，父母一定要重视这一点，切勿让孩子养成骄傲自满的性格。

卡尔·威特在教育孩子的过程中，就尤为注意这一点。

有一次，一个地方的督学官从报纸上看到了小天才威特的事情，于是便想要见见他。为此，他还专门来到了哥根廷。卡尔答应了他的要求，并提出了一个条件：不管小威特表现得如何出色，都不可以表扬他。

这个督学官先是和小威特聊了聊日常，后又出了几道题来考他。小威特的回答都令他非常满意。后来，二人越聊越开心，督学官竟然又给小威特出了一道学术范围内的数学题。即便是瑞士著名的数学家欧拉也花费了三天的时间，才解出了这道题目。

令卡尔和督学官都没有想到的是，小威特没用多久，便解出了这道题目。督学官惊异地说："天哪，你比大数学家欧拉还厉害。"

卡尔担心小威特会因此骄傲起来，所以便故意给督学官使眼色，并说："这不是什么了不起的事情。瞎眼的猫咪还有捉到老鼠的时候。"这时，督学官也领会到了卡尔的意图，便附和说："是的，是的。"随后，他又小声对卡尔说："依照你的教育方法，小威特不管取得什么样的成就，都不会骄傲的。"果然没过多久，这件事情便被小威特抛在了脑后。

依据常理来说，大数学家欧拉用了三天时间才解出来的题目，被小威特一会儿的工夫就解了出来，这确实是令人惊叹的一件事情，也是令父母为之骄傲的事情。可是卡尔却及时给小威特泼了一盆冷水，将骄傲扼杀在了摇篮里。就如卡尔的教子名言说的那样："如果一个人稍有些成就便骄傲自大的话，那他其实是非常可怜的。"

所以，当发现孩子有骄傲的倾向时，父母一定要及时制止，并且加以正确的引导。

1. 告诉孩子，不要过度在乎别人对你的奉承

墨菲定律中说："奉承的话大多都是假话，却也是人们说得最多的话。"奉承的话，能够摧毁人们心中最后一分理智。很多人都喜欢在父母面前不遗余力地赞扬他的孩子，其实这对孩子来说是很不利的。奉承的话过多，孩子就可能高估自己的能力，从而经不起现实中的一点儿风吹雨打。所以在遇到如此"热心"的他人时，父母一定要及时地制止。

2. 父母在赞扬孩子时，表情一定要"浓淡相宜"

在心理学中有一个词叫"确认放大原理"，就是人们会不自觉地将自己看到的优点、缺点进行放大，从而脱离了实际。这一点运用到孩子心理上也同样适用。父母的夸奖也会在孩子心中无限地放大，如若分寸把握不好，也不利于孩子的成长。所以，父母在表达自己的赞赏时，一定要注意表情的掌控。最好不要在外人面前夸奖孩子，以免让孩子形成错误的认知，进而产生骄傲的心理。

3. 引导孩子正确认识自己

孩子的骄傲心理往往是因为高估了自己的能力，眼中只有自己的优点而无缺点，由此便养成了"以自我为中心"的性格。所以，父母一定要正确地引导孩子，让孩子认识到自己的优点，也要意识到自己的不足之处。父母要即时纠正孩子不好的行为，让他们改掉骄傲的坏毛病。

4. 精神奖励为主，物质奖励为辅

实际上，孩子的心理是很容易满足的，一句轻微的鼓励，一个微笑的眼神，一个鼓励的拥抱，都可以对孩子起到激励的作用。而如若给孩子过多的物质奖励，会让孩子产生畸形的满足感，甚至会有为了物质而努力的消极思想，进而剥夺了孩子的进取精神。

> **墨菲定律启悟**
>
> 不管这个人的能力有多大，成就有多高，在大千世界面前，也只是一粒尘埃。所以骄傲心理要不得。

不及时制止任性，便会发展成理所当然

前苏联著名教育家苏霍姆林斯基说："如果一个孩子在现实生活中确定父母能够满足他所有的任性要求，他的任性并没有带来不开心的后果，那么渐渐地，他便会习惯于淘气、任性和逆反，之后就会将这种性情当作是理所当然。"

在生活中，经常可以看到一些比较任性的孩子，他们为了达到自己的目的哭闹不止，直到父母答应他们的要求才肯罢休。很多父母将此看作是太娇惯子女的缘故。其实并非全是如此，从心理学角度来看，孩子性格任性，是缺乏意志力的表现，除了先天性的性格遗传外，外在环境也是导致这一表现的主要原因。

一般情况下，孩子的心理发展不成熟，对于社会和自我的认知判断不到位，多少都会表现出一点任性。美国儿童心理学家指出，任性是孩子的一种心理需求，当孩子表现出哭闹、任性的行为时，父母不可过多地将眼光注视在孩子的这一行为上，而是应该探求孩子任性背后的原因所在。否则，如若纠正不当，便会影响孩子心理和生理的正常、健康发展。

那么，父母在面对性格比较任性的孩子时，该如何做呢？

1. 不可过于迁就孩子

墨菲定律中说："孩子之所以会无所顾忌地哭闹，是因为看透了父母不忍的弱点。"在现实生活中，孩子无休止地哭闹往往会让父母不忍心，便妥协，一再地满足孩子无理的要求。也正是在父母的妥协中，养成了孩子任性的性格。所以，在面对孩子无理的要求时，父母一定要懂得坚持自己的立场，万不可因为孩子的眼泪而动摇。

2. 用新事物转移孩子的注意力

新事物对于孩子来说，具有无穷的吸引力。当孩子因为一件事情哭闹不已时，父母便可以选择用另一种事物来吸引孩子的注意力。比如，当孩子哭闹着要买某样东西时，父母可以说："听说商场门口有小熊在发传单，我带你去看看。"

3. 暂时不予理睬

一些孩子在提出不合理的要求时，往往纠缠不休，父母也可以暂时采用冷处理的办法，不理会孩子。等孩子哭闹够了，他自然就会明白"哭闹的方式在父母那里是起不了任何作用的"。比如，孩子哭闹时，父母可以先离开一下，等孩子情绪冷静下来后，父母再心平气和地和孩子交谈，让孩子意识到自己行为上的错误。

4. 引导孩子多参加集体活动

在集体活动中，统一是其中最为主要的观念。个人意愿要服从集体安排，个人选择要服从集体的选择。孩子在此过程中，自然就会习惯少一些任性，而多一些宽容和忍让了。

> **墨菲定律启悟**
>
> 对孩子的无理、任性做出放任的妥协，就会让之前的全部努力付之东流。

将自闭看作内向，是最为可怕的认知

很多父母对于自闭性格并不了解，甚至会把孩子的自闭看作是性格内向的表现。其实不然，自闭并非是性格内向，而是近些年人们才注意到的一种心理疾病，主要表现为：不喜欢和别人交流（包括父母在内）、不喜欢开口说话、在自理方面有一定的障碍等，如若在早期时候父母不加干涉和引导的话，后果会一发不可收拾，对于孩子的成长有极大的危害。

凯蒂·米勒是美国新生代艺术家，而她幼时便患有轻微的自闭症。

米勒很小的时候经常会有一些强迫性的举动，她能够一刻不停地花费一天的时间来描摹一幅画，如若画得不理想，她还会大发脾气。初始，米勒的这一举动，被父母认为是艺术家独有的怪癖，所以并没有放在心上。

随着米勒年龄的慢慢增长，她的性格也越发地内向，不喜欢和人交流，甚至连普通的眼神交流都很少。这个时候，她的父母才有些担忧起来，并开始带着她去看心理医生，最后她被确诊为自闭症。

不过在米勒父母的及早干预下，米勒如今能够进行正常的社交活动，幼时的自闭症并没有给她日后的成长带来大的危害。

从米勒的例子中我们可以知道，性格较自闭的孩子，如若可以及时得到父母正确的引导、干预，也是可以融入社会、独自生活的。由此可见，父母的干预极为重要。

1. 注重孩子语言能力的培养

很多性格比较自闭的孩子，语言能力都比较差，不善于和人交流；而性格内向的孩子平时表现的比较安静，可一旦有他感兴趣的话题时，他也可以主动交谈。此时，父母可以选择用讲故事或者是唱歌的方式，来调动孩子的语言能力，慢慢让这些简单的交流成为孩子的日常用语。

2. 给孩子创造与人交流的机会

性格自闭的孩子，最为主要的特点就是沉迷在自己的世界中，不喜欢和外界有过多的交流。即便是在父母面前，他们也不会哭闹，不会表现出对父母太多的依赖。此时，父母不可以过度强迫孩子参加人际交往活动，而是应该从最简单的游戏中加以引导。比如可以和孩子做一些角色扮演的游戏，给孩子创造一个交流的安全环境，慢慢提高孩子的社会交往能力。

3. 用简单的体育活动训练孩子的行为方式

性格比较自闭的孩子会喜欢反复做一件事情，不喜欢接受外界的任何变化，稍有变化就会让他变得焦躁不安。基于这种情况，父母可以有意识地引导孩子参加一些体育活动，而在参加活动的同时，一定要顾及到孩子本身的情绪。如若在此过程中孩子出现了抵触行为，父母一定要及时地终止这项活动。

自闭的儿童并不等于内向的儿童，很多父母对此都有错误的认知。自闭对孩子的不利影响极大，所以作为父母一定要加以重视。此外，父母对孩子自闭症的早期预防也是尤为重要的，应尽可能地防止孩子出现自闭的行为，为孩子的健康成长保驾护航。

容易害羞的孩子，长大后易患社交恐惧症

2011 年的《儿童异常心理期刊》中刊登过一项心理学研究成果：当对周围环境无法理解或者是无法掌握的时候，有些孩子便会产生退缩的心理，这是出于自我保护的正常心理反应；但是有些孩子却过度紧张周围的一举一动，甚至认为自己周边布满威胁。而在这样的心理状态下，孩子们通常也会表现出害羞和退缩的行为。

而后者对于新环境大多都有抵触情绪，他们喜欢将自己的情感埋在心底，而这一种迹象表明，这些孩子在日后的生活中更多地会倾向于消

沉和紧张的情绪，如若父母不及时干预、帮助的话，便很容易演变成一种心理障碍疾病，患上社交恐惧症。

俄亥俄州立大学的威廉·加德纳教授说："害羞是人类性情表现的一面。"主要表现为目光游移、坐立不安等，对于害羞的孩子而言，这种感觉是极为痛苦而又无法回避的。根据调查研究显示，3～19岁，是孩子容易患上社交恐惧的重点时期，他们会从心底抵触社交，进而减少社会技能学习的机会，不利于孩子之后的学习和成长。

墨菲定律中说："周末闲在家中看书的孩子，有时并非是因为爱好学习，而是在躲避聚会给自己带来的焦虑感。"所以说，作为父母，应该时刻关注孩子的日常行为，以便尽早地看出孩子的害羞"指向"，并加以正确的引导，使孩子可以健康成长，并拥有良好的性格。

1. 面对害羞的孩子，父母应该向他传达宽慰的信号

害羞的孩子，在面对外界环境时，往往会压抑自己的情感，不懂得宣泄和表达。这个时候，就需要父母适当地做一些引导，给孩子传递一些宽慰的信号。比如，孩子遇到困难问题时，往往会表现得焦躁不安，父母可以对他说："这是一个比较困难的问题，我们一起克服它。"

2. 不要给予孩子过分的期待

根据心理学研究表明，害羞的孩子有一部分是因为父母的过度期待引起的。父母的过度期待会加重孩子的心理负担，孩子就是孩子，不必成为某个电影明星，不必效仿某个科学家、生物学家等。作为父母，应该让孩子扮演好自身的角色，愉快地做自己，这样才能够让他们自然地和他人交流。

此外，如若孩子不喜欢和一群人玩耍，父母也不要过度地干涉，应该尊重他们的个人感受，慢慢引导。比如，先从打声招呼开始。

3. 父母要及时发现孩子的害羞行为

墨菲定律中说："小时候容易焦虑的孩子，长大后往往会社交恐惧。"人的害羞人格通常是从小时候发展起来的，这种害羞、紧张、孤立、退缩的不良状态，会伴随他的一生。所以说，在日常生活中，父母应该多花点时间陪陪孩子，关注他们的性格变化，鼓励他们多参加体育活动，多和朋友交往。有研究表明，父母每天只要拿出一小部分的时间陪孩子，就可以缓解他们的社交恐惧。另外，孩子的年龄越大，父母的干预难度也越大，所以父母要及早干预。

4. 孩子大一些后，父母还需要寻求心理医生的帮助

有心理学家研究表明，孩子一旦超过了 15 岁，父母干预的作用就会越来越小，这个时候就需要向心理医生求助了。除了心理医生的帮助外，父母还可以带着孩子报名参加相关的治疗小组，孩子在"同病相怜"的人面前容易放下戒心，并通过一些小任务，慢慢地改变对社交的不合理理解，慢慢地改善自己的行为。

> **墨菲定律启悟**
>
> 大多数情况下，我们所害怕的东西，其实就是害怕本身。

让孩子变得勇敢，也是对父母勇气的考验

勇敢，属于孩子的外在表现，也是孩子对自身的一种认知程度。在孩子的成长过程中，勇敢贯穿其中，见证着孩子一次次的成功转变。而在现实生活中，很多孩子却有怯懦的心理，事事都需要大人的陪伴，而无法独立完成任务。而造成此种情况的根本原因，就在于父母不当的教育方式。

墨菲定律中说："孩子生来是不知道害怕的，只是因为父母的过度关怀，而使得孩子生活在保护伞之下，抹去了他们勇敢的机会。与其说让孩子变得勇敢，不如说是对父母勇气的考验。"

在培养孩子勇敢方面，英国人的做法值得我们借鉴。

为了训练儿童的勇气和毅力，英国在瓦伊河畔专门建立了一所少年探险中心，以给孩子提供各式各样的探险机会。

在训练中心，由专职的人员训练这些孩子们学习游泳和划船的技能，不管训练多么辛苦，如若没有什么特殊情况，就不允许中途退出。在训练过程中，有些孩子失误落水，有些受了点轻伤，但要想逆流而上，就必须继续前行，就必须以坚强的意志和勇敢，来战胜身体上的痛苦，继续完成自己的任务。

其实在英国，像这样的培训基地有很多。这些基地设立的目的并非

是培养孩子的某种技能，而是培养孩子勇敢无畏的精神，让孩子丢掉怯懦的性格。

在我们周围，有太多的父母因为担心孩子受到伤害，而总是小心翼翼地保护着孩子，不让孩子触碰看似危险的东西，甚至不给孩子独立玩耍的机会。这样一来，孩子失去了锻炼的机会，也就没有勇敢可言了。

心理学家说："磕碰的膝盖可以治愈，而缺乏的勇气却会成为孩子一辈子的伤痕。"所以父母应该放下对孩子的过度保护，让孩子自己去触碰、感知这个世界。

1. 培养孩子的勇气要有耐心

性格胆怯的孩子内心缺乏安全感，所以父母首要做的并非将他们推出去，而是应该尽己所能，给他们创造一个"安全"的环境。给孩子心理舒适感的环境，更容易让孩子打开心扉，消除孩子的紧张心理。孩子有了安全感，才会放下自己的戒备，慢慢地接触外界的一切。

2. 了解孩子恐惧的是什么

有些时候，孩子的言行举止通常能够表达出他们所害怕的东西。比如，有些孩子害怕一个人，所以当父母外出的时候，他们会哭闹着跟随；有些孩子害怕黑暗，所以便吵着让母亲陪着睡等。这些都是孩子内心恐惧的表现，父母只有读懂了他们行为言语中的真正含义，才能够抓住他们害怕的本质，对症下药。

3. 给孩子独立的机会

在日常生活中，父母可以适当地放手，给孩子一些独立的空间。比如让孩子单独活动、学着招待客人、参加野营等，这些事情既能够锻炼孩子的独立自主能力，又可以在和他人交流的过程中锻炼自己的勇气，增强自信心。

4. 适当地进行压力训练

一些孩子不敢玩滑梯、不敢骑单车等，此时父母应该稍微给孩子施加一点压力，让孩子去挑战自己的心理极限。当然，对此父母也不可以操之过急，而是要循序渐进，一点点地消除孩子内心的排斥感。

> **墨菲定律启悟**
>
> 很多时候，成人看起来很危险的事情，孩子做起来并没有任何问题。

不乐观的孩子，本身就是一种失败

乐观心理属于积极心理学中的积极人格特质之一。乐观是缓冲外界压力的有效方法，也是人们抵抗挫折的最有力手段。乐观虽带有天生的属性，但最关键的还在于父母后天的培养。美国著名的心理学家马丁·塞利格曼是积极心理学之父，他曾经说过："当坏事发生的时候，往往会让那些将坏事看作是固然因素的人陷入无助的境地；而乐观的人却往往能够从中找出好的突破口，将结果转变为可控性因素。"由此可见，悲观让人被动接受已成的结果，而乐观却能够让人改变已成的必然。

说起积极心理学的诞生，这和塞利格曼的女儿是分不开的。

塞利格曼刚刚升任美国心理学会主席时，有一天，他和女儿一起在园中种菜。突然，他五岁的女儿开始在园子里手舞足蹈起来，并将手中的菜籽扔向天空。

塞利格曼很是生气，可他的小女儿却说："爸爸，我可以和你聊聊吗？"

塞利格曼放下手中的工作，并回答说："当然可以。"

"爸爸，在之前我一直不停地抱怨，而您也总是因此懊恼。现在我已经长大了，我希望自己以后少抱怨一些，这样您是不是就可以不生气了？"

这位从事儿童心理学研究多年的学者，被女儿的这句话震惊了。因为工作的原因，他和女儿的沟通并不密切。女儿的这一番话，也让塞利格曼开始反思起来，他想起了向女儿发火的时刻，想起了这几十年里自己所过的阴霾生活，也想起了深藏内心多年的悲观情绪。

正是从这件事情开始，塞利格曼每回要发火或者是在遭遇什么不愉快的事情时，都会逼迫自己冷静下来，思考女儿的话：如果少一些抱怨，生活会不会好很多？也是从此时起，他开始研究乐观的性格对人生的积极影响，并将对乐观性格的研究，称之为"积极心理学"。

塞利格曼的研究表明：当人们内心充满希望、乐观对待人生的时候，人们就会变得平静安详，心无纷扰；而当人们专注于悲观因素时，就会感到紧张、压力倍增。所以乐观的心态，便成了人们正面生活的正能量。

墨菲定律中说："父母培育出了一万个闷闷不乐的亿万富翁，这样的教育便没什么成果可言，甚至可以说是极为失败的。"那么父母如何培养孩子的乐观性格呢？

1. 让孩子养成抬头挺胸的习惯

心理学研究表明，人的身体姿势和心理状态有着很紧密的联系。当孩子抬头挺胸时，呼吸比较顺畅，能够更好地适应外界的压力，也更容易养成乐观待事的态度。

所以要想培养孩子乐观的性格，就先要矫正孩子的身体姿势，让孩子抬头挺胸。

2. 和孩子交流时，声调要愉快

墨菲定律中说："我们说了什么并不是重点，重点在于我们怎么说。"声音是有表情的，同样的一句话，使用的声调不同，带给人的感受也

墨菲定律启悟

有人选择不需要理由的快乐，也有人选择不需要理由的悲伤。

不一样。所以父母在和孩子交流时，尽可能使自己的声调愉快一些，并告诉孩子："当你用愉快的声调回应世界时，世界也会用愉快的声调回应你。"

3. 多使用正面的字眼

将"困难"化为"挑战"，将"问题"化为"机会"，这就会给人两种不同的感受。所以，在说话的时候，少一些负面的字眼，多一些正面的词语，对培养孩子乐观的性格也有很大的帮助。

4. 少些抱怨

抱怨除了给人增添烦恼以外，不会给人带来任何帮助。当孩子在抱怨问题时，父母应该适时地做些引导，让孩子将精力花费到解决问题上来。让孩子用别人抱怨的时间解决问题、改善现状，也就会比别人更快地接近成功。

★测试：你宝宝的性格是怎样的

世界上不存在相同纹路的两片叶子，自然也没有两个完全相同的人。每一个宝宝都有其独特的性格，不同性格的孩子也有不同的养育方法。所以，作为父母，在培养孩子之前，一定要先了解孩子的性格。

1. 宝宝在日常生活中的表现（　　）

　　A. 喜欢玩乐　　　　　B. 擅长说服

　　C. 坚持不懈　　　　　D. 适应能力比较强

2. 宝宝在和人交谈中的表现（　　）

　　A. 比较活泼　　　　　B. 比较专横

　　C. 善于观察　　　　　D. 比较扭捏

3. 宝宝在人际交往中的表现（　　）

　　A. 擅长社交　　　　　B. 意志比较坚定

　　C. 不善于交际　　　　D. 性情比较温和

4. 宝宝在处理事情时的表现（　　）

　　A. 比较健忘　　　　　B. 比较叛逆

　　C. 比较挑剔　　　　　D. 比较胆小

5. 宝宝给人的印象（　　）

　　A. 比较有活力　　　　B. 比较能坚持

　　C. 比较有条理　　　　D. 比较顺从

6. 宝宝经常性的表现（　　　）

    A. 喜欢插嘴　　　　　B. 脾气暴躁

    C. 优柔寡断　　　　　D. 缺乏安全感

7. 宝宝在游戏中的角色（　　　）

    A. 发起者　　　　　　B. 领导者

    C. 调解者　　　　　　D. 聆听者

8. 宝宝看上去的表现（　　　）

    A. 杂乱无章　　　　　B. 比较鲁莽

    C. 心思缜密　　　　　D. 经常哭闹

9. 宝宝的思维方式（　　　）

    A. 跳跃性　　　　　　B. 攻击性

    C. 规范性　　　　　　D. 顺从性

10. 宝宝经常的行为（　　　）

    A. 喜欢说个不停　　　B. 排斥异己

    C. 比较敏感　　　　　D. 喜欢妥协

测试结果：

心理学家研究表明，人类身上可能同时存在四种因子：活泼、力量、完美、平和，而上述测验中的 A、B、C、D 也分别对应以上四种。所以，父母可以根据选项的多少，来确定宝宝的性格特征。

1. A 选项超过三个的：

此种类型的宝宝性格比较活泼，在游戏过程中，充当发起者的角色。愿意接受新的事物，环境适应能力比较强，但是注意力并不集中。

2. B 选项超过三个的：

此种类型的宝宝属于力量型，在游戏过程中，充当领导者的角色。

喜欢接受新事物，而且对于自己感兴趣的事情比较专注，不容易放弃，自信心比较足。

3. C 选项超过三个的：

此种类型的宝宝属于完美型，在游戏中充当调解者。这种类型的宝宝在面对新事物时，刚开始的反应比较冷淡，不过一旦投入进去后，也会付出百分的热情和专注。

4. D 选项超过三个的：

此种类型的宝宝属于平和型。在游戏中充当跟随者，没有主见，缺乏了解新事物的热情，不坚持，做什么事情都比较平和，没有过多的肢体语言。

Part 3

行为习惯中的墨菲定律：一个不好的小·行为可能会带来严重后果

墨菲定律中说："隐藏得再深的心理意识，都可以通过外在的行为习惯捕捉出来。"行为心理学最早出现在美国，认为一个人的外在行为表现，能够反映出一个人的内在心理活动。一个小的不好的行为习惯，可能就会引起一场大的风暴。本章通过对孩子行为习惯的分析，来研究孩子的心理本质，从而找出最为恰当的应对、教育方法。

勤劳的父母，养不出勤劳的子女

墨菲定律中说："一对非常勤快的父母，却总也养不出勤快的儿女。"其实，孩子的本性是比较积极、勤快的，他们从睁眼的那一刻起，就喜欢四处观望，喜欢四处摸爬，喜欢模仿外界的一举一动。但是，孩子的这一切探索，在父母眼中成了危险、调皮的信号：当孩子尝试着和父母一起洗碗时，父母会说："不要捣乱，一边待着去。"当孩子想要自己穿衣服的时候，父母却说："你还小，等你长大了自然就会了。"

就这样，在父母的一再阻拦、万事包办下，让孩子潜意识中认为"不乱动"的孩子才是最听话的孩子。久而久之，孩子的"乖巧"便显现出来，他们依照父母所说的，养成了"懒惰"的习惯。

那么，孩子的懒惰心理从何而来呢？

1. 父母的万事包办和过度关怀

心理学家研究表明，孩子的懒惰心理大多都是因为父母的万事包办和过分关爱导致的。不管是孩子能做的还是不能做的，父母一概不让孩子动手。时间久了，孩子便会养成"凡事靠父母"的懒惰心理。

2. 父母的过分溺爱

在现实生活中，有些孩子懒于动手，有些孩子懒于动脑，而这些无不和家长的溺爱有关系。孩子劳动，父母便担心会累坏孩子的身体；孩子思考，父母又担心孩子用脑过度而影响了他的成长。这样，在父母周全的保护下，孩子变得懒惰起来。

3. 独立做事的孩子却受到呵斥

随着孩子年龄的增长，他们的独立意识也在一点点地显现出来，也开始出现"脱离父母，独立做事"的念头。但是如若孩子独立做事的结果不尽如人意时，常常会受到父母的责备和训斥，这样一来，便打击了孩子做事的积极性，甚至让孩子失去了独立做事的兴趣，这一点也是让孩子变懒惰的原因之一。

4. 隔代教育

"隔代教育"是现今最为可怕的一种教育形式。老年人对隔辈的子孙都尤为疼爱，将他们看作是家庭生活的重心，吃穿用都有专权等。老人的这些做法，会使得孩子独立动手能力低下，依赖心理比较强，万事都以自我为中心等，让孩子养成了自私自利的性格，胆小怕事、懒惰无比。

上述几点便是造成孩子懒惰行为的最主要原因。前苏联心理学家曾经选择 100 名成绩比较差、智商略低的孩子做了调查，最后发现有 75% 的孩子都是因为懒惰而导致成绩差、智商平平。所以说，帮孩子改掉懒惰的行为习惯，成了父母的当务之急。

1. 保护孩子的自信心

孩子都有一定的动手能力，他们喜欢自己做一些力所能及的事情。这个时候，就需要父母的适时鼓励做辅助，以保护孩子的自信心，保护他积极动手的好习惯。父母应该知道：当孩子想要去尝试某项事物的时候，这项事物只要没有危险或者不会对别人造成危害，都可以放手让孩子去尝试。这样一来，便提高了孩子独立做事的兴致。

2. 让孩子从小养成爱劳动的好习惯

在日常生活中，父母应该注重培养孩子劳动的习惯，引导他们做一些力所能及的事情。另外，在孩子劳动的过程中，父母万不可用成人的眼光去看待他们，更不可因为他们的劳动成果不合父母意而大声训斥他们。

3. 抽时间和孩子一起做事情

和孩子一起做事，也是改掉孩子懒惰习惯的方法之一。不管父母平日里多忙，也应该抽出一点时间，陪孩子做一些事情，并在此过程中尽可能地调动孩子做事的兴趣。

4. 不要忽视了榜样的作用

父母是孩子的第一任老师，家庭是孩子的第一成长环境。在家庭生活中，有些父母本身就是比较懒惰的，这样一来，也就给孩子带来了不好的模仿典范，孩子也由此变得懒惰起来。所以作为父母，应该时刻警醒自己的一言一行、一举一动，不要给孩子懒惰的机会。

"半途地区"是孩子的敏感脆弱区

心理学研究表明：人们在完成目标的过程中，"半途地带"会让人们的心理变得极为脆弱和敏感，会让人们开始怀疑目标的意义，由此产生"半途而废"的心理，心理学中将此称为"半途效应"。很多研究事实也表明，人们很容易在"半途区带"发生终止追求目标的行为，因为在目标的中点附近，是人们敏感脆弱的活跃区域。

而半途效应在孩子心理上也同样适用。孩子的半途效应产生的原因有两点：父母为孩子制定了不合理的目标，不符合孩子的发展规律；孩子的意志力和坚持力比较弱，无法坚持到底。由此来看，作为父母，一定要懂得培养孩子坚持不懈的好习惯，让孩子坚持到底，甩掉半途效应的影响。

卡尔·威特对孩子坚持力的培养，值得众多家长参考、借鉴。

为了培养小威特的坚持力，他的母亲将小威特最喜欢的一个玩具——一只黄色的布绒小猫，放在小威特触手可及的地方。等小威特快拿到小黄猫时，他的母亲会再将小黄猫推得远一些。这样循环下来，每次小威特想要放弃的时候，他的母亲总会轻轻触碰一下他的脚，以鼓励他"进行下去"。事实证明，这种方法很有成效。等小威特稍大一点的时候，卡尔和妻子还是运用相似的方法来培养他的坚持力，时间久了，小威特自然就养成了坚持不懈的好习惯。

墨菲定律中说："当你想要打开大门的时候，一串钥匙中，往往是最后一把起了作用。"墨菲定律的一句话便道出了坚持的重要性。在卡尔·威特看来，人的一生中会遇到各种各样的难题，而解决这些难题的关键就是人的坚持力，所以他经常教育小威特在困难面前，一定要多一些坚持，只要能够坚持到底，所有的问题也都会迎刃而解。

所以，从孩子出生的那一刻起，父母就要有意识地培养孩子坚持到底的好习惯。

1. 不要忽视表率的作用

父母对于孩子的影响是不可估量的。父母在培养孩子坚持不懈的习惯时，首要任务便是以身作则。所以父母在做事情的时候，一定要做到善始善终，认真、彻底地完成，起到表率作用。

2. 让监督发挥作用

孩子的意志力薄弱，父母的监督作用就显得不可或缺。当孩子出现了退却、放弃之意时，父母应该适时地做出引导，不可过分迁就孩子，不可在监督的过程中出现"前半部分严厉，后半部分松懈"的情况。

3. 对孩子进行适时的鼓励

在面对孩子想要"半途而废"的情况时，很多家长都会采用呵斥的方式来制止孩子的这种行为，最后却适得其反，引起了孩子的逆反心理，伤害了孩子的自尊心。心理学家建议，父母在面对这种情况时，应该给予孩子及时的帮助和引导，找出孩子"半途而废"的原因，并对他们在坚持过程中的一点一滴予以鼓励，这样会让孩子重塑自信心，进而会坚持下去。

4. 培养孩子的自制力和责任心

孩子年龄比较小，自控力和自制力都比较薄弱，做事情经常是虎头蛇尾、有始无终，父母要根据孩子的这一心理特点，从日常习惯入手，提高孩子的自制能力。比如：先让孩子安安静静地在凳子上坐十分钟，而后慢慢延长。此外，要想让孩子养成坚持不懈的习惯，就需要培养孩子的责任心。比如：将家中喂养小猫、小狗的任务交给他，让孩子负责每日的地板清扫工作等，这样一来，在增强孩子责任心的同时，也让孩子养成了做事有始有终的习惯。

> **墨菲定律启悟**
>
> 人们往往把跌倒看作是失败，却不知道最糟糕的失败是放弃。

交代孩子的事情，不能让他一拖再拖

心理学家认为，喜欢拖延的孩子并不快乐。而从严格意义上来说，拖延症并不是心理学上的概念，但是拖延症所带来的心理问题却是比较严重的。而墨菲定律中又说："一个有拖延习惯的孩子，背后至少有一个性格暴躁的家长。更为有趣的是，这一类的家长还都带着比较高尚的道德感和责任感。"

很多时候，在父母的不断要求下，孩子在完成任务的时候并不能获得心理上的满足感，而是将其看作是被强迫的事情，自己就好比一个"为他人做事"的人，无法认真对待自己手头上的工作，更没有完成之后的自我满足感。喜欢拖延的孩子，基本上会存有两种心理：第一种是"和父母反抗"之后的心理愉悦感；但又有"和父母反抗"之后的自责心理，担心自己会因此而受到父母的惩罚。这两种矛盾的心理在孩子心中不停地循环、撞击，不利于孩子的心理发展。

拖延习惯给孩子带来了很大的不良影响，他们变得越来越自卑，创造力也随之下降，对周边的事物也提不起太多的兴趣，做事情容易放弃，甚至有些孩子会因此而放弃和他人的交流，将自己完全封闭起来。

拖延的产生有先天性原因也有后天的因素。先天性原因，主要是孩子的神经协调有先天性的缺陷，影响了他的运动协调能力、注意力以及对事物的反应能力。对于这样的孩子，父母便不可过于强求，应该循序渐进地根据孩子的节奏，来锻炼孩子的反应能力，帮助孩子改掉拖延的习惯。

而对于那些后天养成拖延习惯的孩子来说，父母就应该及时地做出引导，将孩子的拖延习惯扼杀在童年时期。

1. 培养孩子的时间观念

孩子有拖延的坏习惯，在很大程度上，是因为他们没有时间观念，没有意识到时间的可贵性。父母应该想方设法地引导孩子正确认知时间，给孩子讲解一些古今中外名人珍惜时间的故事，让孩子从中学习。

2. 孩子在时间观念上有点进步的时候，家长要及时给予鼓励

当孩子有些小小进步的时候，父母要及时给予鼓励和肯定。比如，

孩子做事情比平日里快了一些，父母应该说："你真的好棒，这一次比先前快了好多。"这种鼓励对孩子来说是最好的激励。由于得到了父母的鼓励，他们会比现在更加的努力，慢慢地就可以改掉拖延的习惯了。

3. 让孩子明白拖延时间是需要付出代价的

孩子在做事情的时候，总喜欢拖拖拉拉，父母看在眼里，急在心里。有时候，到了上课快迟到的时间，孩子还在不紧不慢地穿衣服。这个时候，父母就不要显得过于急躁，可以顺着孩子的节奏，照常送他入学。如若他迟到了，自然会有老师的教育。如此一来，孩子也会在老师的教育中认识到自己的错误，之后也就会加快速度了。

4. 面对拖延的孩子，不要责备打骂，而是要教会他们必要的技能

很多父母在面对拖延的孩子时，压抑不住内心的暴躁，而对孩子又打又骂，使得孩子不仅没有加快速度，反而因为内心的恐惧而乱了手脚，让速度变得越来越慢。此外，孩子拖延，有时候还因为孩子对某种事情不够熟练，还没有熟练掌握这种事情的技巧，这个时候父母应该主动帮助孩子，教给孩子一些基本的技能。

5. 消除分散孩子注意力的外界因素

孩子在吃饭的时候看电视，这几乎成了一种常见现象。其实，孩子的拖延和电视也有着不可分的联系。吃饭看电视是最为影响孩子注意力的，这样一来，就延长了孩子的吃饭时间。所以，当孩子做一件事情的时候，父母应该极尽所能地帮助孩子消除周围的影响，让孩子专心于一件事情。

墨菲定律启悟

很多不懂得利用时间的人都在抱怨时间的匆促，而在其他人的眼中，从此种人的生活方式上来看，时间倒是过得有些慢了。

恰当的批评方式，培养孩子的好习惯

"带来严重后果的源头，往往就是那些看起来微不足道的坏习惯。"这是墨菲定律的一条"铁律"。父母很容易忽视孩子日常生活中的一些小的坏习惯，可他们不知道的是，一个小小的习惯，只要有一次的重复，就会增大人们再次施行这个习惯的概率。

神经学研究证明，在人们的体内存在着一种比较神奇的机制，使得人们倾向于不断地重复，甚至是永久性地重复，如若不断地重复一种坏的习惯，最后将这种坏行为，从自然的条件反射过渡到自动自发的行为，进而不再受到大脑的控制，给孩子的成长带来不好的后果。

所以，对于孩子偶尔出现的一些坏习惯，父母一定要做到"零容忍"，并采用合适的批评方式，以培养孩子的好习惯。

球王贝利出生于巴西特雷斯科拉索内斯镇的一个贫穷家庭中。

有一次，贝利和几个朋友在树下乘凉。他的朋友递给了他一根烟，贝利刚把烟点燃，他的父亲便走了过来。贝利迅速将手中的烟藏起来，但他的父亲还是看到了这一切。

等贝利回到家后，他的父亲立即将他叫到身边，问他："你抽烟有多久了？"

贝利低着头老实地回答："几天前。"

贝利的父亲又问道："烟的味道怎么样，你知道，我并没有抽过烟。"

贝利低着头不说话。

贝利的父亲抱住他说："嘿，我的孩子，你应该知道，你是一个很棒的球员。但吸烟却会伤害到你的身体，这将使你无法再继续踢球。我能告诫你的也只有这么多了，决定你自己来做吧。"说着又拿出一点零钱，对贝利说："你知道，我们的家庭并不富裕。但我还是觉得抽自己花钱买的烟比较好。"

父亲这一委婉的批评方式，使得贝利无地自容。自此之后，贝利再也没有抽过烟了。

贝利父亲的批评方式比较委婉，他用很平和的语言，既给贝利说了吸烟对身体的伤害和影响，又利用"抽自己买的烟"的方式代入自己的贫苦家境，让贝利自己认识到错误，及时制止了吸烟这个坏习惯的发生。

作为父母，又该如何恰当地批评孩子的坏习惯，培养孩子的好习惯呢？

1. 批评孩子时，要讲究场合和环境

很多父母不分场合地训斥孩子，以为这样可以让孩子对此记忆深刻，而使其日后不敢再犯错。其实结果恰恰相反。不分场合的训斥，不仅会伤害孩子的自尊心，而且更会激起孩子的叛逆心理。当孩子在众人场合下犯错时，父母可以选择事后教导的方式，而非当面教育。

2. 批评的时候，不要老翻孩子的"旧账"

很多父母在批评教育孩子的时候，往往会有"翻旧账"的习惯。比如当孩子忘记收拾自己的玩具时，父母说："你是不是忘记上一次的惩罚了？不长记性。"这样的教导方式，虽然能够起到一时的作用，但却也给孩子的心理带来了二次伤害，并不是良好的教育方式。

3. 批评要直入主题，避免絮絮叨叨

批评孩子都带有一定的目的性，这需要父母在批评教育孩子的时候，一定要做到语言简练，直入主题，万不可絮絮叨叨，没有什么逻辑性，只是为了批评而批评。依据孩童的心理发展和思维方式，父母可以这样做：说出你批评他的目的和想法，聆听孩子的辩解，提出具体的改正策略。

4. 在批评的最后，也要适时地表扬

每个孩子身上都有优点，父母在批评教育孩子的过程中，对孩子的心理肯定会带来不同程度的打击，使得孩子信心消退。所以，在批评的最后，父母要适时地肯定孩子的某些优点，让孩子在改正缺点的同时，也不会失去自信心。

墨菲定律启悟

对于坏习惯的一次屈服，就需要下千百次的决心来将它克服。

在适合的时间里，做合适的事情

墨菲定律中说："我们之所以能够如此高效率地工作，并不是因为我们完成了很多的事情，而是因为我们将时间花费在了'合适'的事情上。"假如我们不分时间、不分重点地将所有事情都糅杂在一起，那么我们最后所得到的效率绝对要比想象中糟糕很多。所以，要想提高自己的效率，要想避免过多的无用功，最好的方式就是要学会时间管理。

同样，在日常生活中，时间观念比较薄弱的孩子，不管是在学习上

还是在生活上，都要比其他的孩子少了一些做事的条理，做事效率也要比其他孩子低很多。所以，让孩子认知到时间的重要性，培养孩子的时间观念，让孩子懂得在合适的时间做合适的事情，成了教子重中之重的任务。

时间管理课堂上，教授将一个罐子放在桌子上，并放进了一些鹅卵石，问他的学生说："你们认为这个罐子是不是满的呢？"很多学生的答案都是肯定的。

于是教授将一袋小碎石放入罐子中，又问道："现在的罐子是满的吗？"他的学生有些犹豫地说："或许不是满的。"

教授又拿出来一袋沙子倒入罐子中，鹅卵石、小碎石沙子堵满了瓶口，并问："这次呢？"学生看了看教授，自信地回答："没有满。"教授很赞赏地点点头，又从桌子下面拿出来一袋水，并将其倒入看似已经很满的罐子中。教授又问学生："你们从中看出什么了吗？"

有个学生回答说："看似很满的罐子，事实上还能够装下不少东西。"教授点点头让他坐下，并说："这位学生的回答很不错，但是我要告诉你们的是，如果先放进去的是沙子，而非鹅卵石的话，那么大的鹅卵石可能就无法再放进去。所以，我们在做事情的时候也应该如此，一定要先做重要的，然后再做细琐的事情，只有这样，你的时间才不会浪费。"

案例中的教授便教给了学生一个道理："不管做什么事情都需要事先进行时间管理，将时间花在重要的事情上。"

不过，从心理学角度来说，孩子的心理建设程度并不成熟，其对时间知觉的发展也有很多限制性的因素，所以孩子在塑造时间观念的过程中，还需要父母的引导和帮助。

1. 闹钟，是树立时间观念的好帮手

每个人的童年几乎都有闹钟的陪伴。父母平日里工作比较忙，在对孩子的管理上很难做到面面俱到。尤其是在时间管理方面，父母无法二十四小时都陪在孩子身边，这个时候就需要闹钟的帮助了。父母可以给孩子买一个他喜欢的闹钟，并用孩子喜欢的音乐当铃声，给孩子设置起床、吃饭、画画、读书等的时间，让闹钟来提醒孩子需要完成的工作。

2. 帮助孩子理解时间的意义

孩子稍大一点，有了一定的理解能力后，父母还要引导孩子理解时间的重要性，知道时间的意义，让孩子将时间当作是一种财富资源。比如给孩子一个小时的时间，然后再给孩子一些任务。等一个小时过去后，父母可以帮助孩子分析做每件任务时所带来的价值和意义，以此让孩子明白在同等时间中，所做的事情不同，所带来的价值也不相同的概念。

3. 懂得给事情分类

俗语说"事有轻重缓急"，对于时间观念比较薄弱的孩子来说，父母应

墨菲定律启悟

当发现所做的是一些不值得做的事情时，不管你之前做了多少努力，都应该立即停手。

该帮助孩子制作一个时间表，并和孩子一起评估、列出事情的先后、轻重顺序，必做的、可以延迟做的等，并且还要适当监督，不要让时间表只有短短几天的生命。

当然，这是一件很麻烦的事情，刚开始做的时候，父母和孩子都会花费很多的时间和精力，但是坚持一段时间后，孩子就能够独自完成这项规划时间的工作，而在此过程中，孩子的时间观念自然也会有所增强。

健康的孩子，都没有偏食的毛病

偏食，是一种很不好的饮食习惯。孩子偏食，除了和父母的喂养方式、孩子自身的健康情况有关外，最为主要的原因是孩子的心理因素造成的。从身体原因来说，孩子体内缺乏某种微量元素，而使得孩子出现了厌食的反应；而从心理因素上来说，一些菜肴的颜色，或者是进食时发生的一些不好的事情等，都会影响孩子的进食习惯。比如，孩子在过往的进食过程中，因为某种食物而导致生病等，这种食物就会给孩子带来心理阴影，从而不愿再进食这种食物。

偏食给孩子带来的危害是不可估量的。如若孩子在成长过程中，缺少了某种营养成分，会直接影响到孩子的成长发育，并且还容易患上很多身体疾病。比如，如若缺少蛋白质，那么就会影响孩子的大脑发育；缺少维生素，孩子的身体免疫力会下降，会引发各种身体疾病等。由此可见，偏食就是孩子健康的杀手，要想让孩子健康地成长，就必须帮助孩子改掉偏食的坏习惯。

墨菲定律中说："大部分的孩子对桌子上的菜肴是没有任何成见的，上周他们不喜欢的食物，这周可能会吃得酣畅淋漓。"所以，大部分情况下，孩子的"偏食"都是表面性的，只要父母能够引导得当，就可以改掉孩子偏食的坏毛病。

1. 不要当着孩子的面评价食物的好坏

在用餐的时候，父母不应该当着孩子的面，评价食物难吃，或者是今天的饭菜有什么奇怪的味道。父母应该给孩子做出一个榜样，要做出吃得很香的模样，并且要适时夸赞食物的可口，并普及食物的营养价值。

2. 吃饭的时间一定要固定，要坚持"过点无饭"

"追着孩子喂饭"的现象在家庭生活中并不少见。很多父母担心孩子饿着，每回喂饭的时候就要和孩子进行一场追逐拉锯战，甚至一顿饭要折腾几个小时才喂进孩子的嘴里。父母的这种行为，对孩子的饮食习惯会带来致命的影响。对于这种现象，在心理学界有一个名词"饥饿疗法"。心理医生建议，首先要保证吃饭的时间是固定的，其次当孩子不按时吃饭时，父母只需告诉他"过点无饭"的规则。等过了饭点，孩子吵着要吃东西的时候，父母一定要坚定自己的意志，不要让孩子自主进食。一两次下来，孩子自然就懂得了"过点无饭"的规则，自主按时进食了。

3. 饭前零食不可取

要想纠正孩子不良的饮食习惯，零食是必须控制的一项。墨菲定律中说："如若想让孩子按照你的理想进食，就不要答应孩子对牛奶和糖果的需求。"有研究表明，饭前的三四个小时之内，最好不要给孩子吃任何的东西，给孩子的肠道一些排空的时间，有利于孩子的进食。

4. 父母和孩子一起进食

很多父母因为工作的原因，经常会让孩子自主进食，其实这并不利于孩子的健康。自主进食的孩子往往会感觉到孤单，进而会影响孩子的心理发展。此外，孩子一个人用餐时，没有父母的监督和指导，也会让孩子养成不好的饮食卫生习惯。

5. 给孩子时常调换食谱

一成不变的食物肯定会引起孩子的抵触心理，父母可以经常更换主食和副食，根据食物的色香味来调和适合宝宝的营养套餐，以此调动孩子的嗅觉、味觉器官。此外，对于一些孩子不喜欢的食物，也可以进行二次加工，让孩子接受。比如，孩子不喜欢吃茄子，那么父母可以将茄子切成碎末，混合在饺子或者是菜汤中。

一个小的行为机制会造成大的挫折

墨菲定律中说："当一件任务快要完成的时候，总会因为先前的某个微不足道的细节问题而不得不中断。"

粗心，是孩子普遍存在的问题，致使孩子粗心的因素有很多，既有天生的性格原因，也有孩子后天的知觉习惯原因——认知水平有限，认知不完整、不精细等。不管哪一种原因，都会给孩子的成长带来不利的影响，做事冒冒失失，丢三落四。所以父母要在成长过程中正确引导孩子，培养孩子细心的好习惯，避免因一个小的行为机制而造成不可挽回的后果。

有一则寓言故事是这样说的：

有一个木匠为了制作房子的大梁，而砍伐了一棵大树。

他把大树运回家后，没有测量仔细便开始锯起来，锯好之后才发现木头有些短，于是便决定改大梁为门框；在没有测量的情况下，继续打磨木头，完成后又发现木头太薄，无法做门框。于是他又决定用这块木头做根扁担；扁担削好后发现木头太细，最后也只能选择做根牙签。这个时候，木匠已经累得精疲力尽了，削好牙签后，将牙签塞在嘴里休息。突然，一声"咔嚓"声，牙签在嘴里断成了两半。

最后的结果就是，因为木匠的粗心大意，将一棵大树变成了一根牙签，最后牙签竟然还断掉了，白白浪费了一天的精力。

由此可见，粗心带给人的不良影响是不容忽视的。在心理学界中，几乎所有的心理学家都将"粗心"的心理基础认定为感知不全面、定势错觉等，所以作为父母，一定要注意培养孩子细心的好习惯。

> **墨菲定律启悟**
>
> 每一个细节问题看上去都非常的渺小，可正是这些渺小的东西，变成了之后挡路的巨石。

1. 培养孩子的知觉辨识能力

知觉辨识能力是儿童思维发展的重要手段，也因此深受教育心理学界的重视，是心理学界的重点研究对象之一。父母可以帮助孩子提升认知、判断事物的能力，如给孩子买一张拼图，在拼图的过程中，孩子就会对拼图的形状、大小，以及摆放等，有一个粗略的估计和比较，当他将一块拼图拼出来的时候，孩子的知觉辨别能力就已经有所提高了。再加上拼图原本就是一项极需要细心的游戏，对于改掉孩子粗心的毛病也有所帮助。

2. 提升孩子思考、观察的能力

粗心的孩子都有一个特点：就是手永远比大脑运作得快。父母可以给帮助孩子设计一些"找茬"类的游戏，让孩子找出两幅画中的不同之处，或者是带着孩子去动物园，让孩子指出每种动物的不同之处等，都是提升孩子思考、观察能力的好办法，也能够培养孩子细心专注的好习惯。

3. 发现孩子粗心的毛病时，父母应该及时纠正

墨菲定律中说："人们的成功，往往会毁在一件微不足道的事情身上。"如若父母发现孩子粗心的毛病而不及时纠正的话，这件微不足道的"小事"必定会在某一天阻挡在孩子成功的路上。所以，当父母发现孩子有粗心的习惯时，一定要及时给予更正，并引导孩子分析粗心的原因，让孩子形成良好的细心习惯。

另外，值得注意的是，在纠正孩子粗心的毛病时，父母一定要注意自己的态度和方法，不要采用打骂、斥责的方式，这样会加剧孩子的紧张心理，不仅达不到纠正的效果，反而会让孩子变得更加粗心。

★ 测试：你的孩子有没有时间管理观念

1. 周末，孩子早上醒来的时候，如若外面下着雨，孩子通常会怎么做（　　　）

　　A. 接着睡　　　B. 依然在床上观望

　　C. 和平时的起床习惯一样

2. 早饭过后，离上学还有一段时间的时候，孩子会怎么做（　　　）

　　A. 没什么可做的　　　B. 想要干点什么，却又不知如何选择

　　C. 有制订好的学习计划

3. 面对课余时间，孩子的安排是（　　　）

　　A. 没有学习计划　　　B. 学习时间很紧张，却又毫无条理

C. 依据课程制订学习计划

4. 孩子当晚都是如何安排第二天的学习计划的 （　　　）

　　A. 没有什么考虑的　　　B. 有些想法　　　C. 有详细的规划

5. 制订好计划，孩子的执行情况如何 （　　　）

　　A. 很少执行　　　　　　　B. 有时候会按照计划进行

　　C. 严格按照计划执行

6. 孩子的作息时间表有一定的灵活性 （　　　）

　　A. 不会　　　　　B. 偶尔　　　　　C. 经常

7. 孩子对于浪费时间的感受是 （　　　）

　　A. 没有什么感受　　　B. 有些在乎　　　C. 重新规划时间

8. 孩子在学习过程中有些力不从心的时候 （　　　）

　　A. 自暴自弃　　　B. 很努力，但却总感觉时间不够

　　C. 分析出现的问题，重新安排时间

9. 当孩子的学习被打断时，孩子的表现 （　　　）

　　A. 无所谓的态度　　　　B. 有些怨言　　　C. 自动屏蔽外界干扰

10. 孩子的学习没有任何成效时，他的表现 （　　　）

　　A. 依然坚持学习　　　　B. 适当的休息一下

　　C. 暂停学习，转换一下自己的注意力，然后再适当学习

11. 孩子在课外读物方面的表现 （　　　）

　　A. 没有什么目的性　　　B. 一边阅读一边再选择自己喜欢的

　　C. 带着目的性阅读

12. 孩子平日生活的表现 （　　　）

　　A. 很安静　　　B. 很紧张　　　C. 很愉快

13. 孩子房间的闹钟状态 （　　　）

　　A. 经常慢　　　B. 比较准确　　　C. 经常快

14. 孩子的书桌如何（　　）

　　A. 很乱　　　　B. 偶尔干净一些　　　　C. 井然有序

15. 孩子对于自己的时间规划有何表现（　　）

　　A. 没什么表现　　　　B. 偶尔反省自己的时间规划

　　C. 经常审查自己的时间规划

测试结果：

A.1 分　　　　B.2 分　　　　C.3 分，然后得分相加

　　35～45 分：孩子的时间管理能力比较强，能够有效地安排时间，学习成绩也比较不错。

　　25～34 分：还算善于管理时间，不过父母应该再帮助孩子提高一下时间的管理和使用方法。

　　15～24 分：时间管理的能力一般，没有明确的目的性。

　　14 分以下：没有时间管理的观念，自我意识比较差，无法很好地支配自己的学习。

Part 4

情绪控制中的墨菲定律：
控制好情绪，才能够走向成功

从古至今，对于"情绪产生"的研究一直从未中断。美国哈佛大学心理学教授丹尼尔·戈尔曼认为："情绪指的是一个人的情感状态，以及相关的思想、心理、生理状态，以及其所表现出来的一切外在行动。"墨菲定律中说："周遭的任何事物都会引起你的不舒服时，那么这不是外界事物的错误，而是你的情绪出了问题。"所以，面对外界的刺激，要想引导孩子以积极的情绪去面对，那么就必须先了解关于孩子的情绪心理学，然后对症下药，找出解除症结的方法。

嫉妒，是拿别人的幸运惩罚自己

墨菲定律中说："即便这件事情如同空气一般轻小，但在嫉妒的人眼中，却如同天书一般沉重。"孩子的嫉妒心理主要是和同龄人之间比较而产生的一种消极情绪，当他们看到自己一时无法得到或者是超过的事情、人时，内心就会产生一种不安、烦闷的情绪，并且想要将自己得不到的东西破坏掉。

从心理学层面来说，儿童嫉妒心理产生的原因比较复杂，既有先天性的气质因素，也有后天教养环境的影响。而在日常生活中，孩子的嫉妒心理通常源于三个方面：无法容忍父母疼爱其他的孩子，无法容忍父母夸奖其他的孩子，无法容忍玩具比自己多的孩子。

此外，儿童的嫉妒心理也有着很明显的心理特征，了解这些特征，可以帮助父母更好地了解自己的孩子，帮助孩子改掉嫉妒的心理。

一是外露性。外露性是孩子与成年人嫉妒心理上的明显不同。成人的自控能力比较强，会将嫉妒心理深深压在心底，不易被人察觉；但是孩子的自控能力比较差，通常会直接表达出自己内心的嫉妒情绪，而不会去思虑所带来的后果。

二是对抗性。孩子表达嫉妒的方式比较直接，而且会把这种心理的不适感归咎在所嫉妒的人身上，会对他们做出不友好的举动，以此来发泄自己不满的情绪。

三是主观性。孩子认识事物的角度比较主观，他们以自我意愿为中心，以此来评判外界的事物。所以，当他缺少别人所拥有的东西时，便会给他带来不快的心理，也就是嫉妒心理。

孩子的嫉妒心理往往带有破坏性质的不良因素，不利于孩子的健康成长。所以，当发现孩子有上述心理特征表现的时候，父母一定要做出及时的引导和纠正。

1. 了解孩子产生嫉妒心理的原因

父母要帮助孩子纠正嫉妒心理，其首要前提就是要了解孩子产生嫉妒心理的原因。一般情况下，孩子嫉妒心理的产生主要源于两个方面：外界环境的影响和父母不当的教养方式。外界环境如：当着孩子的面，成年人之间相互猜忌、诋毁，或者是父母当着孩子的面，去贬低他人等；而不当的教养方式如：说自己家的孩子不如别人家的孩子等。此外，一些能力比较强的孩子，有时也无法容忍别人在某些方面超过自己。

2. 良好环境可以预防孩子嫉妒心理的产生

父母要给孩子建造一个健康、尊重的成长环境，有利于防止孩子嫉妒心理的产生。

3. 要客观公正地表扬自己的孩子

墨菲定律说："很多无知的父母，将表扬这件好事变成了危害孩子的坏事。"表扬，是一门艺术。正确的表扬可以让孩子奋进，但是错误的表扬却也会给孩子带来不良的影响。孩子的心理发育不成熟，他们通常以成人对自己的评价来认知自己，并无法全面客观地看待问题，所以父母要学会公平、公正地表扬孩子，给孩子留下一个正确的客观印象。

4. 帮助孩子提升自身能力

纠正孩子嫉妒心理的最佳办法之一，就是提升孩子自身的能力。当孩子觉察到自己某方面不如别人的时候，就很容易出现嫉妒的心理。这个时候，父母可以帮孩子找一位能力比较强的孩子，让他来帮助孩子提升能力，能力提升了，嫉妒的心理自然也就消失了。

5. 培养良性的竞争意识

嫉妒心比较强的孩子，性格上也比较要强。父母应该培养孩子良性的竞争意识，让孩子将竞争看作是一种进步方式，而非是攀比、争强的手段，避免以不好的方式去夺得竞争的胜利，应该让孩子以积极的态度和行为来迎合自己的好胜心。

> **墨菲定律启悟**
>
> 嫉妒心比较强的人，他们以别人的不幸为快乐，又因别人的幸福而不安。

正确对待孩子的"逆反心理"

孩子到了十几岁的时候，随着自我意识的不断发展，他们的主观能动性越来越强，在父母的指挥和安排下也有了更大的自主选择权。所以，这一时期的孩子，行为比较任性，喜欢和父母唱反调，并产生了一种和父母对抗的抵触情绪，这种种现象，在心理学中被称为"逆反心理"。就好比墨菲定律中所说："孩子到了一定时期，父母越是禁止什么，他们越是去做什么。"

英国前首相布莱尔少时便是一个叛逆的孩子。

布莱尔出生在苏格兰的爱丁堡，父亲是律师，母亲是个教员，家境比较优越。不过，布莱尔十几岁的时候，为了脱离父亲的管制，曾差点登上前往巴哈马的飞机；为了表现自己的独立属性，还作嬉皮士的打扮，长发披肩，穿着印度式的宽松上衣，成为周围人眼中的焦点；他还曾经组建过乐队，名为"丑恶谣言"，不过很遗憾的是，这支乐队并没有得到同学们的欢迎和支持……

后来，布莱尔担任首相后，曾谈起过这段经历，并说："这一段经历对我来说是非常美好的，我极度需要证明自己的独立性，极度想要摆脱父亲的控制，能够脱离他的金钱支持。"

布莱尔的这种逆反心理更多的是来自于自己生理和心理上的内在需求，他渴望脱离父母的掌控，并选择以自己的方式去证明自身是独立的个体存在，所以才会做出上述种种叛逆的举动。

此外，造成逆反心理的原因，除了孩子自身的生理和心理需求外，更为重要的影响还是来自父母一方，比如父母日常的一言一行，对孩子实施的错误的教育方式，缺乏亲子沟通，不尊重孩子的独立人格等，这些都有可能引起孩子们的逆反情绪。

孩子有了逆反心理，如若不加以悉心引导，很有可能会产生对抗情绪，甚至走向极端。那么作为父母，在"逆反"的孩子面前，又该如何做呢？

1. 将孩子看作是成年人

逆反心理其实是孩子"心理断乳期"所要经历的一个心理发展过程。在这一过程中，他们迫切地希望他人将自己看作是一个成年人，能够尊重他作为"成年人"的自尊。如若这个时候，父母还像之前唠唠叨叨、叮嘱不止的话，都会让他们的逆反心理越来越强烈。所以在这一时期，父母应抛弃以往的教子观念，将孩子当作成年人对待。

2. 满足孩子的倾诉需求

孩子到了一定年龄，便有了相应的倾诉需求，但是大多数的父母却都没有意识到这一点。所以，父母应该给孩子平等的发言权，满足他们内心的倾诉需求。另外，孩子在倾诉的时候，父母也要给予他们人格上的尊重，耐心倾听，不要任意地打断或者是训斥他们，并随时对孩子的倾诉内容给予积极的回应。这样，既能够了解孩子的内心想法，更能对症下药，解决亲子间的矛盾。

3. 用表扬的方式引出批评

当孩子犯错的时候，很多父母会采用威胁、警告的方式。只是心理学家表示，不要低估了孩子对破坏行为的意识程度。他们在行动之前，就已经考虑到了可能发生的后果。所以，最好的办法并不是立即训斥、责骂，而是要冷静下来，从孩子的优点入手，慢慢地再过渡到孩子的缺点和错误上来，这样的批评方式，既保护了孩子的自尊心，也更能够让孩子接受。

4. 人前教子不可取

墨菲定律中说："要想摧毁一个孩子的自尊心很容易，只需当着别人的面，批评他的缺点，从而让他没有辩驳的机会就可以了。"很多父母认为，孩子在外人面前的一举一动，都代表着自己的颜面。一旦孩子在人前有了不当的行为，父母便会立即大声训斥，丝毫没有考虑到孩子的自尊心。而这样做的结果便是，不但没有帮孩子纠正不良的行为习惯，反而让孩子变得更加叛逆、粗暴、无礼。人前不要教子，事后耐心引导，才是

> **墨菲定律启悟**
>
> 父母将孩子的自尊心击得粉碎，却又反过来抱怨孩子怎么成了这样的人。

最佳的方法。

哭泣的孩子并非是因为内心的软弱

墨菲定律中说："孩子的哭声会让父母抓狂，因为这会让他们感觉到自身的无能。"所以很多父母将孩子的"哭泣"归结于孩子的无理取闹，为了掩盖自己的紧张心理，便将恼怒发泄在孩子身上，以此想要制止孩子的哭闹。

哭泣，是人类最初始的交流方式，是缓解人类内心压力的有效方式，这是心理学中对"哭泣"情绪的界定。所以，有些时候，孩子的"哭泣"并非是因为内心的软弱造成的，而是外界的某种事物让他感受到了一种压力或者是委屈。而随着孩子年龄的增长，哭泣成了孩子表达内心情感的语言，只是作为父母并不懂得从孩子的角度去解读这一情绪罢了。

如若父母一味地压制孩子的"哭泣"，就很容易引发孩子的心理问题，让孩子的情绪宣泄进入一个恶性的循环，这些就好比永远不会愈合的伤口一样，影响着孩子以后的成长。当孩子哭泣的时候，父母一定要及时了解孩子哭泣的原因，并对此做出相应的回应举措。

1. 倾听，是愈合孩子伤口的有效手段

当孩子莫名哭泣时，父母万不可冒失打断孩子的哭泣声，而是应该放下手中的工作，倾听孩子的诉说，这样利于孩子内心伤口的愈合。在

此过程中，孩子内心的烦恼会随着倾诉和哭泣而烟消云散，使得自身避免了坏情绪的伤害。此外，孩子哭泣时，父母在旁的倾听和陪伴，也会让孩子感受到父母对他的支持，使他在之后的生活中变得越加坚强和自信。

2. 给哭泣的孩子一个拥抱

墨菲定律中说："孩子总会在父母高兴的时候哭闹起来。"在现实生活中，很多父母都应该有过这样的体验：带着孩子出去玩了一圈，全家其乐融融，可在回家的路上，孩子的情绪却突然低落下来。

从心理学上来说，这种情况是孩子想要利用现在的安全感和亲密感，发泄出平日里的一些不好的情绪或者是缺憾，这是一个排泄孩子内心积郁的好机会，父母应该做好万全的应对准备，而不要因为孩子哭泣的突然而变得手足无措。

墨菲定律启悟

> 当孩子对着你大哭大闹的时候，这恰恰是最需要父母帮助的时候。

拥抱是给孩子的最大支持和鼓励，当孩子在哭泣的时候，父母给他一个轻轻的拥抱，会放松孩子的情绪。而在此过程中，家长的一举一动，孩子都能够敏锐地察觉到你的反应，所以父母一定要让孩子感受到真切的关怀。比如轻轻触碰孩子的脸颊等。

3. 给孩子营造一种安全的氛围

不管是孩子还是成年人，内心都有某种恐惧的事物。当孩子因为害怕某种事物而哭泣时，有些父母选择以训斥的方式来锻炼孩子的勇气，其实这么做的结果只能是适得其反。这个时候，父母应该给孩子营造一种安全的氛围，让孩子感受到父母不遗余力的保护，这样有利于孩子克服内心的恐惧。此外，孩子一时无法克服恐惧时，父母万不可采用强迫的手段，而是要循序渐进，期待孩子自动的改变。

所以，作为父母一定要知道，孩子绝不会无缘无故地哭闹，他们的哭闹都代表着一种情绪的语言，或是委屈，或是愤怒，或是不知所措等，父母要了解孩子哭泣的语言，并能够给予对应的安慰，就可以及时疏导孩子的不良情绪。

孩子发脾气的时候，就不要去招惹他

当孩子内心有了坏脾气时，他们往往便处于最激烈的情绪点，并伴随着很多不可理喻的举动。很多父母在面对孩子的坏脾气时，通常会采用"关黑屋"的方式，想要让孩子自己去冷静。其实这样的方法有失妥当。心理学家研究表明，孩子的自我承受能力和自我调解能力比较差，当孩子处于一个孤立的封闭空间时，他无法很好地处理自己的坏脾气，使得这种情绪充斥孩子的内心，即便当时控制住了坏脾气，这种坏脾气也会在不久的将来再次被引发出来，并爆发出比之前多一倍的负能量。孩子学会情绪的自我控制固然重要，但父母的正确引导却是更加重要。

有一次，三岁的小威特和自己的小表妹一起玩，刚开始的时候，两个孩子相处得比较愉快，并没有出现什么摩擦。但是三天之后，二人之间便出现了一些矛盾。

原因是，在玩积木的时候，小表妹不听小威特的指挥，而擅自将一块木头摆放在了其他的位置上，二人因此争吵起来，谁也不愿意妥协。卡尔·威特及时制止了这场"战争"，并将生气的小威特带到一边，斥责他说："卡尔，你比妹妹大，什么事情都应该让着她才对。"小威特听后，将还没有搭建成的积木一脚踢翻，并发怒地吼道："是她不听话。"然后扭头便走进了自己的房间。

卡尔·威特并没有继续责问他，而是安慰旁边的小表妹。

晚饭时候，卡尔·威特特意将儿子的位置和小表妹的位置放在一起。

卡尔·威特问道："卡尔，在今天的游戏过程中，一定要让妹妹听你的话吗？"

小威特撇嘴说："我懂得建筑，但她不懂。"

卡尔·威特继续说："那她在你们游戏的过程中捣乱了吗？"

小威特说："没有。"

"那你询问过妹妹为何那样做吗？"

"没有。"

卡尔·威特耐心地说："她既没有捣乱，你也没有询问她这样做的原因。卡尔，当你自己一个人玩的时候，你可以自作主张，无人管你。但是你和妹妹一起玩的时候，你就应该给妹妹发挥、参与的机会，而不是让她只充当一个听从命令做事的角色。卡尔，你应该记住，一个人的能力是有限的，只有你们齐心协力，才能够创造出完美的作品。试想一下，如若我不听你的解释而对你发脾气，你能够接受吗？"

小威特沉默了片刻，没有应答。

第二天，小威特主动邀请小表妹重新搭建积木，之前的坏脾气烟消云散。

墨菲定律中说："孩子发脾气的时候，父母通常选择最错误的一种教育方式，那就是用发脾气来制止发脾气。"这样一来，不仅没有控制住局面，反而让坏的形式愈演愈烈。当孩子发脾气时，上述卡尔·威特的教育方式是值得我们借鉴的。除此之外，他还给予我们一些比较好的建议。

1. 孩子发脾气时，请父母站在孩子的角度考虑问题

孩子发脾气时，父母切记不要火上浇油，而是应该站在孩子的角度思虑问题。比如，当孩子因为他人弄坏了玩具而大发雷霆时，父母不要斥责他的小气，而是应该理解孩子的这种行为，并帮助孩子分析发脾气的原因，然后再慢慢进行疏导。

2. 教育虽讲究严格，但也应该有一个度

教育虽然是严格的，但是也要有一个适宜的限度。很多父母将教育当成是限制、干涉孩子一切的借口，于是便选择让孩子去承受一些他们极限之外的事情。孩子的承受能力到达极限，就会把孩子逼进一个窒息的空间，孩子自然而然地就会乱发脾气。比如，父母一天给孩子安排四五个小时的课外学习课程，而不去管孩子当下的状态如何。

3. 不要去招惹正在发脾气的孩子

孩子发脾气，父母便用更大的脾气去压制，这是非常错误的一种做法。最好的方法，就是不要再用其他的语言去刺激他，比如孩子因为一件事情没有做好而发脾气时，父母经常说"不听我平日的教导，现在尝到后果了吧？"

4. 转移孩子的注意力

墨菲定律中说："不要跟正在气头上的孩子讲道理，他不会听进去一个字。"父母觉察到孩子的情绪有了大的波动时，应该及时转移孩

子的注意力，用孩子比较感兴趣的事情来提升孩子的情绪，等孩子的情绪调整好之后，父母再进行教导，这种方式要比直接训斥行之有效的多。

父母有了坏情绪，受牵连的总是孩子

心理学家研究表明，情绪比较平和的父母，更容易教养出心理比较健康的孩子。如若父母日常的情绪比较恶劣，这种坏情绪不仅会传染到孩子，更会让孩子长期处于一种紧张、恐惧的成长环境中，不利于孩子的心理健康发展。

在日常生活中，很多父母因为工作等方面的不顺，而将心中的怒火波及到孩子的身上，使得孩子成了承接坏情绪的"垃圾桶"。而当这种坏情绪延伸到孩子身上时，最终会沿着两个方向发展：第一种，孩子没有了宣泄的途径，只能自我消化这种情绪，因而给他的心理带来很多的负能量；第二，孩子将这种坏情绪转移到比自己弱小的事物身上，进而接着引发一系列的恶性"情绪链"，这在心理学中被称为"情绪传染"。

美国心理学家加利·斯梅尔研究发现，如果一个心情舒畅的人，一整天都陪在一个阴郁、愁眉苦脸的人身边时，他的情绪也会变得沮丧起来。又有研究表明，只需二十分钟的时间，就可以完成一个恶性的循环，曾经有一个相关方面的解读：

一个男人下班时被老板训了一顿，等他回到家后，看到刚刚放学归来的儿子，便将心中的怒火发泄在儿子身上，将儿子训斥了一顿；儿子受了委屈，又拿院子里的小狗撒气；小狗受到了惊吓，跑到门口，冲撞了过路的汽车；汽车为了躲避小狗，而又冲进了这个男人的院子里，碾压了他们的花盆。

这便是一个坏情绪恶性循环的例子。

其实，这种"情绪传染"的例子在家庭生活中并不少见，尤为主要的就是父母的坏情绪对孩子的牵连，孩子敢怒不敢言，就只能将这种情绪憋在心里而又无力消化，给孩子的成长带来了极其恶劣的负面影响。那么，作为父母，如何控制好自己的坏脾气呢？

1. 进门之前，就要把坏情绪关在外面

父母的坏情绪除了来自生活以外，工作也是其坏情绪的主要来源之一。所以，父母下班之后，最好拿出十几分钟的静思时间，反思一下在工作中出现的一些不好的情绪，重新整理一下一天的工作，并要记得时刻提醒自己，不要将工作上的这些事情带回到家里。比如，父母可以准备一个工作记录本，每天下班后，抽出一些时间，记录下今天的工作内容，以及一些不愉快的事情，然后将它们一并放入抽屉中，就此不要再想工作上的事情，直到你第二天再次打开它。

2. 情绪将要发作的时候，请暂时离开现场，给自己几分钟的冷静时间

父母的坏情绪涌上心头的时候，最好的办法就是先暂时离开一会儿，给自己几分钟的时间冷静下来，如去倒一杯水，去做一件其他的事情等。墨菲定律中说："冲动时候所做的举动，很可能会成为你一辈子都无法弥补的遗憾。"冷静几分钟，可能就会挽救一场灾难。

3. 给自己一些积极的暗示

父母想要发脾气的时候，可以及时给自己补充一些积极的暗示，比如"现在的状态不好，需要调整一下"等，这样也是控制自己坏情绪的方法之一。

墨菲定律启悟

好情绪的父母可能会有一个坏情绪的孩子，坏情绪的父母却绝对不可能有一个好情绪的孩子。

"冷暴力"会让孩子越发地不冷静

冷暴力是暴力的一种形式，主要表现为态度冷漠、轻视、疏远、漠视等，以至于给他人身心带来巨大的伤害。在教子中，孩子犯了错，一些家长便采用冷暴力的方式，对孩子不理不睬，不管不顾，伤害了孩子的自信心和自尊心。他们不允许孩子表达出自己的内心感受，而是强制给孩子选择了一种不良的情绪宣泄方式。从心理角度来说，心理和身体一样，都需要自愈的时间和机会，而父母的冷暴力的方式，便阻塞了孩子心理自我疗伤的途径，并将这种不良的情绪化反应带入一个恶性的循环当中。

情绪伤己也会伤人，当孩子有了情绪化的反应时，父母要及时出手干涉和引导，避免进一步的恶性发展。

有一个小男孩，经常无法控制自己的情绪。

有一次，小男孩发完情绪后，他的父亲递给他一袋钉子，并说："当你想要发火的时候，就在后院的围墙上钉一颗钉子。"

当天，小男孩就在围墙上钉了37颗钉子，渐渐地，小男孩发现钉一颗钉子要比控制自己的情绪还要困难。于是，他便有意识地开始控制自己的情绪，渐渐地，围墙上钉子的增长速度开始慢了下来。最后，这个小男孩已然能够很好地控制自己的情绪了。

父亲对他说："今后的日子里，如果你能坚持一整天不发脾气或生气的话，就从栅栏上拔出一颗钉子。"

不久小男孩就把钉在围墙上的钉子全部拔掉了。他的父亲将他带到围墙边，并对他说："你做的非常好。你看看围墙上的这些小孔，这都是钉子留下来的，它再也无法恢复到原本的样子。就好比你生气时说的那些伤害别人的话，即便最后和好如初，也会让他人心中留下永远无法愈合的伤口，这个伤口，是你多少'对不起'都填不平的。"

心理学研究证明，一个人的坏情绪不仅仅会影响到这个人的行为，还会影响到其他人的情绪。案例中的父亲，面对孩子的情绪化时，并没有采取冷暴力的处理方式，而是给孩子一个宣泄情绪的出口，让孩子在钉钉子的过程中，意识到自己的错误之处，并加以改正。作为父母，一定要有意识地引导孩子的情绪化，而不可采用"冷暴力"。

1. 愤怒的父母会养育出更愤怒的孩子

墨菲定律中说，愤怒感太强的父母，养育出来的孩子会更加容易愤怒。父母的一切都是孩子模仿的模板，即便是父母的情绪，也成了孩子效仿的一部分。如若父母总是喜欢用不良的方式来表示自己的愤怒，如打人、摔东西等，孩子在愤怒的时候也会选择同样的方式。

2. 沟通，是拒绝冷暴力最好的方式

在心理学中，有一种"情理三明治"的沟通方法：先说出自己的感受，然后再表示出对对方的关怀，然后再进行道理说明。当然，墨菲定律中又说："在沟通过程中，自己说了些什么并不重要，对方接受了你的说服才重要。"所以，父母在和孩子沟通的时候，一定要注意观察孩子的情绪变化，如若孩子的情绪开始往不好的方向发展，那么父母就要及时调整沟通策略，避免引发孩子更大的情绪反抗。

3. 给孩子创造一个发泄情绪的环境

在教子过程中，不要给孩子的情绪划分好坏、对错，每一种情绪的产生，都伴随着各种各样的原因。父母要做的并不是评价情绪的本身，而是当孩子有了情绪之后，父母应该帮助孩子进行情绪疏导工作。所以，在日常生活中，父母要注意给孩子营造一个表达情绪的环境，不要压抑孩子的情绪，而应引导孩子健康、正确地体现情绪、表达情绪。

墨菲定律启悟

> 如若一对父母从未表达过愤怒，那么他也正在教育自己的孩子不要表达愤怒。

★测试：在有情绪的孩子面前，你是怎样的父母

当孩子有情绪的时候，作为父母你会怎么做？

A 类反应

不要哭了，我带你去买东西

走，带你出去玩一圈，放松放松

B 类反应

再不好好儿的，可就要挨打了

你这像什么样子

你今天别出去玩了

我生气了

C 类反应

回自己房间反省

不理不睬

哭够了再说

D 类反应

唠叨不止

测试结果：

A 类反应的父母

当孩子有负面情绪的时候，你会当即做出反应，想要竭尽所能地赶走孩子的坏情绪，但是却忽略了对孩子心灵上的慰藉。

B 类反应的父母

这类父母的教育观念大都是"棍棒底下出孝子"，认为孩子的"坏情绪"，是父母惯出来的毛病，只要及时惩罚教育，就可以变好。其实不然，父母的这种教育方式，只会增加孩子的痛苦感和耻辱感，而不利于孩子的健康成长。

C 类反应的父母

这类父母主张对孩子的"坏情绪"进行冷处理。虽然冷处理在一定程度上可以缓解孩子的坏情绪，但是如若没有父母的及时引导，孩子找不到及时安抚自己的方法，无法及时排解心中的烦闷，也是不利于孩子成长的。

D 类反应的父母

这种类型的教育方式是最为不可取的。父母的唠叨不仅起不到好的疏导作用，反而会让孩子苦上加苦，加重了孩子的心理负担，不利于坏情绪的排解。

Part 5

亲子沟通中的墨菲定律：世界上最好的教育都是从谈话中得来的

　　上一章节已经提到，在墨菲定律中有这么一条定律："在沟通过程中，自己说了些什么并不重要，对方接受了你的说服才重要。"说服自己的孩子，是亲子沟通中的目的之一。而要想说服自己的孩子，就需要通过恰当的沟通方式，了解孩子的内在心理，然后再找出沟通的最佳办法，引导孩子健康快乐地成长。

父母不要偷看孩子的日记

哥伦比亚大学教育心理学教授金伯利·肖内特认为："孩童时期对于隐私的需要，要超过他成人之后的任何一个时期，如若父母认为隐私很重要的话，那么它对于你的孩子会更加重要。"当孩子成长到一定阶段时，他们的自我意识开始增强，自尊心开始敏感，对父母的依赖开始减少，他们开始渴望从父母那里得到应有的尊重，开始急切需要一个属于自己的成长空间。

而大多数的父母却总喜欢打着"想要多了解孩子"的旗号，去窥探孩子的内心世界，甚至有些父母趁着孩子不注意的时候，偷溜进孩子的房间，偷看孩子的日记。父母的这一行为，会让孩子觉得自己的人格没有得到尊重，从而堵塞了和父母的正常沟通之路，使得亲子沟通的冲突愈演愈烈。所以，父母万不可为了多了解孩子，而触及孩子内心的"警戒线"，侵犯孩子的隐私权。

墨菲定律中说，父母对孩子之所以紧张无比，是因为他们害怕失去对孩子的掌控权。当然，随着孩子年龄的增长，他们便会想要脱离父母的控制，去过自己的生活。而这个时候，父母便会有各种各样的担心：害怕孩子会变坏，害怕孩子学到某种不好的习惯等。而应对此种情况最好的办法就是沟通，而非私下里窥视孩子的隐私。

而做到平等交流的前提，就是要尊重孩子的隐私。那么，父母该如何正确看待孩子的隐私，并对其进行正确的引导呢？

1. 细心观察，就可以找到一些蛛丝马迹

不可否认，复杂的社会环境会对孩子带来未知的影响。当孩子开始融入社会之后，很容易受到一些不健康因素的腐蚀，比如酗酒、抽烟等，甚至还会出现夜不归宿、逃课等一些心理上的动态变化。而这一动态变化并不难察觉，父母只要细心一点，就能够及时发现并给予正确的引导。

2. 尊重孩子的保密意识

从心理发展上来看，孩子的年龄越大，其"保密意识"就会越强，而他们的日记、书信等也成了不可跨越的雷区。父

墨菲定律启悟

父母应该允许孩子的这种隐私，并且尊重隐私的存在。

母过问一切的方式已经不再适用，更甚至，如若父母逼迫的紧，可能还会引起孩子的抵触心理。这个时候，父母应该学会理解，给孩子营造民主、平等、轻松的成长氛围，愿意和孩子平等沟通，尊重孩子的保密意识，争取做孩子的朋友。当孩子对你有了一定的信赖后，便会愿意将心中的小秘密和你分享了。

3. 父母要懂得对症下药

孩子的自主意识增强，但他们的人生观尚且还没有发展成熟，还没有正确的是非观念，也没有自制的能力，属于孩子戒长过程中的一个心理危险期。所以父母在掌握孩子心理秘密的同时，也要依据孩子的性格、爱好等针对性地对孩子加以教导。比如，一些性格外向的孩子，父母可以直接指出他的错误之处；而一些性格内向的孩子，这一方法却不适用。

世界上最大的谎言就是"打是亲骂是爱"

法国教育专家凯蒂说："那些喜欢打孩子的父母，83％以上都属于智力低下的一类，所以他们在教育子女的时候，必须借助于体力来完成，以这种方式来弥补智力上的不足。"而这样的父母自身的素质比较低下，受教育程度不高，没有教养，是非常不合格的父母。

而在我们周围，很多父母还秉承着"打是亲、骂是爱""棍棒底下出孝子"的传统教子理念，孩子一犯错，便"棍棒"伺候，却忽视了和孩子平等的沟通。他们对孩子任意打骂，而这些经历又使得孩子成长为一个有着暴力倾向的人，进而走入一个死循环中。

美国《世界日报》曾经报道过一则消息，因为中美教育方式的差异，一些在美华人在教育孩子方面的成果却总是不理想。在他们平日里的教子中，当孩子犯错的时候，打骂几乎成了父母与孩子之间唯一的沟通方式，而又因尺度拿捏不好而构成了家暴，涉嫌"虐待儿童"。有心理医师也证明：华人父母在子女犯错的时候，大多都会采用体罚孩子的办法。可事实上，体罚除了对孩子带来身心伤害外，它并没有一丝的益处。

墨菲定律中说："打骂是一种很肤浅的教育方式，在这样的教育方式下，期望的教育结果永远也不会到来。"究其而论，真正良好的沟通方式，其结果必然是引导孩子积极向上发展的，而非引导孩子向下行走。

此外，父母的这种"棍棒教育"还很容易将孩子变成一个"两面人"，当父母在身边的时候，孩子不敢轻易地发表自己的建议，不敢表达自己的想法；而当父母不在身边的时候，为了发泄内心的压抑，他却无所不为，什么都敢尝试。

由此看来，当孩子犯错的时候，父母应该采用什么样的沟通方式比较有效呢？心理学家给了如下建议。

1. 当孩子不愿意去做某种事情时，父母可以先假装同意

很多父母都遇到过这样的情况：一早起来，孩子却闹起了情绪，不愿意去上学。这个时候，父母可以依照孩子的想法，同意他不去上学。但是要给孩子约法三章，比如不去上学可以，但要在家好好的看书，不许看电视、不许打游戏，并且父母要全程在旁边监督。这样一来，在如此的"重压"下，孩子也会从心里权衡轻重，乖乖地去上学了。

2. 年龄不同，沟通的方式也不相同

两岁之下的孩子，理解能力比较弱，沟通往往就不在于语言，而在于规则。比如，孩子在吃饭的时候不肯吃饭，父母就可以没收孩子最喜欢的玩具，以示惩戒；孩子到了六七岁时，他们的心理发展程度不成熟，但是又有了比较强的自我意识，所以当父母和孩子出现沟通障碍时，可以让孩子进屋去冷静一会儿，然后再进行交流。当然，四五岁的孩子单独在房间的时间不要超过五分钟，而六七岁的孩子最好不要超过十分钟。

> **墨菲定律启悟**
>
> 以打骂的方式教养孩子，教养出来的只能是个奴隶。

3. 沟通过程中出现情绪波动时应保持冷静

有些时候，孩子无法及时正确地领会到父母的意思，就会引起父母情绪上的波动。为了避免事态的恶性发展，父母可以先离开冷静一段时间，然后再接着和孩子沟通。

正确引导孩子安全度过青春期

青春期是步入成年的一个特殊时期，不管是生理方面还是心理方面，都开始趋于定型，并呈现一种半成熟、半幼稚的特点。在这一时期，青少年的自尊心开始增强，这样遽增的自尊心会让他们很容易被外界的不良事物所吸引，如虚荣、攀比、不良嗜好等，他们的心理发展很容易出现扭曲的情况，如若引导不当，可能就会引发很严重的后果，甚至让青少年误入歧途。

墨菲定律中说："青春期表现出来的情感最为强烈。"青春期来得悄无声息，很多父母根本都无法察觉到它的到来，甚至遗忘了还有"青春期"这回事。所以当孩子的青春期如暴风雨般地到来后，父母才慌慌张张地找寻应对的策略，将自己陷入到被动的境地。其实，当孩子进入到一定年龄时，父母应该及早做好青春期的应对准备，给予孩子正确的引导，让孩子顺利渡过这一时期。

有一个真实的日常案例：

有一个小男孩，自幼听话，可最近一段时间却总是无精打采，沉迷于网络，甚至还趁着他父亲洗澡的时候，花光了父亲手机中的话费，并欠下了几百元。

当时，他的母亲虽然早就对青春期这个词做好了万全的准备，但却也没有料到孩子的青春期来得如此突然、转变如此之大，让这位母亲有些不知所措。

晚饭后，母亲叫上他去公园散步，并开玩笑说："幸好我没给你买手机啊。"并以此为开篇，想要了解儿子"话费"的事情。儿子刚开始并不愿意多谈，但在母亲多次的猜测和询问下，他才说出了原因：网游惹的祸。

恰好，这位母亲在年轻的时候也迷恋过网游，她便以此为切入点，开始和儿子聊起网游的事情，并说："我之前也很喜欢玩，只是玩久了比较累，

> **墨菲定律启悟**
>
> 父母应关注孩子青春期的到来以及心理活动，做好对孩子的心理引导教育，以帮助孩子顺利渡过"危险期"。

便不愿意再玩了。"对于母亲的答复，儿子似乎非常满意，也开始主动说起他和"网游"的那点事儿了。

最后，儿子说："妈妈，虽然我知道迷恋网游不对，但是我却控制不住自己。要不你平时多监督我，多批评我吧。"这位母亲知道，如若对儿子施加压力，或许可以暂时制止儿子的这一行为，但时间久了却会适得其反，所以她当场拒绝了儿子的提议。

后来，这位母亲一边和儿子分析网游的危害，一边探讨解决的办法。最后二人商议：儿子每个月可以玩八个小时的网游，并且在此过程中，父母决不干涉。就这样，网游事件圆满解决了。

英国儿童精神分析学家温尼科特曾经对于儿童成长的问题作了分析，并说："孩子的成年是踏着成人的尸体而形成的。如若成长的过程就是代替父母的过程，那么孩子的青春期则是带有'谋杀'的幻想。"由此可见，青春期的孩子都带有一定的"危险"属性，作为父母，更应该注重这一时期，陪着孩子安全渡过"危险期"。

1. 帮助孩子之前，一定要了解他们的心理特征

青春期的孩子，有着很强的自主意识，却又没有独自解决问题的能

力。这个时候的孩子内心是非常矛盾的，他们厌倦了父母的教诲，开始想要依照自己的主见生活。这一时期，是孩子成长过程中的重要转折点，也是成长过程中的关键时期。所以，当父母在解决孩子青春期问题的时候，了解他们当下的心理活动成了必要的前提。

2. 不要过于苛责青春期孩子的错误

父母给了孩子成长的机会，却无法代替孩子的成长。青春期的孩子很容易受到外界不良因素的影响，进而犯下一些过错。这个时候，父母最好的办法是和孩子一起分析问题并解决问题，而不是简单粗暴地制止。

3. 父母和孩子之间也有一条青春期的界限

孩子的独立意识增强，父母不能再像幼时那样对他们面面俱到，否则只会引起孩子的反感情绪。父母不要过度地卷入孩子的事情中，也不可全面监督孩子的生活，一定要和此时期的孩子保持一定的界限。只要孩子没有犯下大的错误，父母则可以站在界线之外，扮演简单的角色。

4. 不容忽视的性教育

青春期的孩子开始有了性意识，和异性交往也成了这一时期的重要课题。此时，父母万不可疑神疑鬼，更不可任意监督孩子和异性朋友的一举一动。父母应该给孩子灌输一些健康、正常的性教育知识，帮助孩子适应心理和生理的一些变化，创造一个良好的异性交往空间，消除外界的不良刺激，帮助孩子安全度过青春期。

低声谈话的方式比高声更有效

墨菲定律中说："父母用高嗓门训斥孩子，孩子的哭声不仅不会下降，而且分贝会越来越高。"美国有一位著名的心理学家研究发现，人与人之间最好的谈话方式，就是低声的谈话方式。在谈话过程中，声音的分贝越低，越可以让人心情愉悦，越能起到说服人的作用。心理学中将其称之为"低声效应"。

在家庭教育中，如若双方都用"高嗓门"的方式来沟通，最后的结果只会有一种：以双方的精疲力尽而告终。

从心理学和物理学角度来说，父母选用"低声"的方式，更容易和孩子沟通成功的原因，主要有以下几点：

父母低声和孩子沟通，可以给孩子传递"我现在很理智"的信息。受此影响，孩子也可以保持一个理智的状态。比如，孩子在哭闹的时候，父母如若高声训斥，孩子哭闹的就会越来越严重；而父母如若冷静下来，用理智的方式来对待孩子，那么孩子的哭闹也会很快地平静下来。

低声谈话的方式更容易引起孩子的重视。父母低声和孩子沟通，就能够给孩子一个心理上的暗示：我们现在的谈话很重要，一定要郑重对待。这样一来，孩子的注意力便会集中在谈话的内容上，能够得到很好的沟通效果。

低声谈话，能够保护孩子的尊严。很多父母不分场合地训斥孩子，让孩子处于一个非常尴尬的境地。这样一来，即便孩子认知到了自己的错误，但是却又碍于自己的自尊，而选择在众人面前对抗，进而造成一发不可收拾的局面。

父母应该怎样做，才能让"低声效应"发挥最好的作用呢？

1. 低声还不够，还要注意自己的语气和措辞

在和孩子沟通的过程中，低声并不是最重要的，父母的语气和措辞才是最为重要的。所以，父母在和孩子谈心的时候，可以这么说："宝贝，你是我们的骄傲，但你今天的 ×× 举动并不恰当"等，以这样的方式开场，更容易让孩子接受。

2. 用低声的方式来强调、解释你的要求

很多父母都会遇到这样的情况：带着孩子逛街、逛商场的时候，孩子总会哭闹着让父母去买某样东西，如若父母不答应，他们便纠缠不休。类似于这样的情况，父母可以这样做：在出门之前，就需要用低声谈话的方式和孩子约法三章，并告诉他违背规则的后果。如若孩子真的触犯了这些规则，父母也不必大动肝火，只需要按照约定的方式来处罚就可以了。这样，在下一次出门时，孩子就会自觉地遵守了。

3. 有外人在的时候，应该"低声"再"低声"

很多孩子都比较好动，不管是在自己家里，还是在别人家里，他们对一切事物都充满了好奇。比如，去别人家做客，孩子喜欢在别人家的沙发上蹦蹦跳跳，这个时候，父母不要大声训斥，而是应该走到孩子面前，用只有两个人才能听到的声调说："不要在别人沙发上乱跳，这样很不礼貌，我们现在停止好吗？"这样的劝说方式，要比高声呵斥有效的多。

有一种沟通障碍叫"别人家"的孩子

每个人都有一个心理"警觉区"，以自我为中心，划分出一块自我心理防御的空间，这个空间一旦有他人侵入，便会给这个人带来心理上的紧张和反抗。心理距离影响了人们对待问题的态度，心理距离越近的人，其看待的问题角度也就越具体。而父母和孩子之间的心理距离比较近，所以他们会从各个方面评估孩子，如学习成绩、品德、习惯等。而对于"别人家的孩子"，父母和他们的心理距离比较远，而他们评估的标准也就比较单一，也很容易以某一件事情上的优异来断定"别人家"

的孩子更为优秀。

几乎每个孩子都经历过"别人家孩子"的沟通恐惧：你看人家的孩子学习多么努力；你看别人家的孩子多么听话；人家的孩子怎么就能考好呢……父母唠叨，孩子痛苦，真正验证了墨菲定律的那句话："当你艳羡别人家的孩子时，孩子也在艳羡别人家的父母。"

在很多父母眼中，"别人家的孩子"是对自家孩子最好的激励，可以让孩子懂得积极进取。其实不然，这只是成人之间的一种攀比游戏，而在教子过程中，孩子成了攀比的一个砝码而已。父母急需要孩子为他们挣得面子，以满足自己所谓的虚荣心。只可惜的是，"别人家的孩子"不仅没有激励自己的孩子进步，反而成了亲子沟通中的障碍。

世界上最痛苦的事情就是做不了自己。当父母在和孩子沟通时，以"别人家的孩子"为引子，会给孩子一种"不被接纳"的感觉，这种感觉会给孩子带来两种影响：第一，孩子为了迎合父母，而自觉将自己内化成别人家的孩子，和最真实的自己产生了强烈的冲突，就会让愤怒、自卑、忧郁等不良情绪充斥心中，不利于孩子的健康成长；第二，父母的过度比较，对于那些有攻击性的孩子来说，只会引起孩子的叛逆，从而不愿意再和父母有任何的沟通。渐渐地，孩子脱离了父母的掌控，朝着父母期望的相反方向发展，以致带来危险的后果。

由此可见，在沟通过程中，父母万不可以别人家的孩子和自家孩子比较，而是应该引导孩子自己和自己比较，和自己的现在比较，和自己的过去比较，和自己的缺点比较等。父母要认同孩子之间的差异，意识到孩子的

墨菲定律启悟

父母不可打着为孩子好的旗号，而一味地苛求孩子，更不要处处与别人家的孩子对照和攀比。

学习方式、生活经验都各不相同，并让孩子以自己喜欢的方式去生活。

所以当和孩子进行沟通交流的时候，应该尊重孩子的个体，不要采用"别人家孩子"的沟通方式，要发现并支持孩子的独特之处，要让他们能够通过对自身的认知而获取进步，而非从他人身上获取大量的负能量。这样一来，孩子不仅能够健康地发展，而且他们在成长过程中也会充满对你的感激。

不懂得沟通的父母，也不会从自身找原因

在很多父母看来，"孩子愈大，愈难沟通"，基于孩子心理不断发展成熟的基础上，他们的独立人格开始日益显现出来，并最终摆脱了父母的控制。不过，在此过程中，只要父母选用一些比较恰当的沟通方式和技巧，就能够得到孩子的和善对待。而那些无法和孩子进行良好沟通的父母，大多并不是因为孩子的原因，而是因为他们自身的沟通方式有问题。就好比墨菲定律中所说："造成沟通困难的父母，往往不会意识到要从自己身上找原因。"

由此可见，掌控亲子沟通技巧，也是当下父母需要掌握的沟通前提，这有利于维系父母、孩子之间的和善关系。

1. 沟通过程中，赞美和肢体语言不可或缺

在沟通过程中，孩子最需要知道的并不是他的过错，也不是你对他的负责，而是他迫切地需要感受到你的爱。所以，父母一定要让孩子知道，不管在什么样的情境下，你对孩子全部的爱是无可厚非、无可替代的。比如，当孩子知错就改时，你夸奖他"真不愧是我的孩子"；当孩

子遭遇困难时，你要让孩子知道"我永远站在你这一边"……

2.不要拒绝孩子对你的亲昵动作

墨菲定律中说："对于大孩子的亲昵动作，父母明明喜欢，却又无理地拒绝。"在我国传统教育中，基于人表达情感的含蓄本质，父母对于孩子的亲昵行为大多发生在小时候，等孩子稍大一些后，即便父母内心希望孩子能够和幼时一样亲昵自己，可从行动上却开始拒绝孩子的亲昵举动，以此来表明孩子的"大人属性"。其实这种行为非常的不恰当。亲昵的举动，既可以让孩子感受到父母的爱，也可以让父母感受到孩子的爱。所以，试着接受它，而不要拒绝它。

3."我"和"你"的用法

在沟通的过程中，"你"总是给人带有指责性的意味，比如"你应该这样"，而"我"则更多地带有一种建议的口气，比如"我建议应该这样""我的个人想法是"等。所以，在亲子沟通中，父母应该多说"我"而非"你"。比如"你不要乱碰花瓶"改为"我觉得花瓶可能会砸伤你，建议你不要乱动"等。

总而言之，运用上述几种沟通技巧，便于父母和孩子之间建立亲密关系，帮助孩子健康地成长。当然，沟通技巧也因人而异，父母还要依据孩子的心理发展特点，和天生气质性格等，找出最适宜自身的沟通技巧。

★测试：当发生亲子危机时，你的处理能力如何

你从冰箱里拿出来一杯牛奶，喝了几口后，才发现牛奶是过期的，这时你会怎么做（　　　）

　　A. 将牛奶倒掉

　　B. 将牛奶丢掉，并设法将喝下的吐出来

　　C. 不管不顾，照样喝掉

　　D. 去看医生

测试结果：

　　A. 处理亲子危机的能力比较高，即便你心中的负面情绪有很多，却也不会影响到孩子。

　　B. 有一定的应对能力，但思虑问题喜欢钻牛角尖，不够全面。

　　C. 几乎不太在乎外界的压力，但这也很容易让你和孩子陷入到危机之中。

　　D. 无法承受压力，一旦有点负面情绪，就会带来亲子危机。

Part 6

学习力中的墨菲定律：大人逼迫得越紧，孩子的学习力越低下

学习是孩子成长过程中的重要课题，学习中的心理学也便显得尤为重要。比如本章节中对孩子厌学情绪的解读、物质奖励过多对孩子的心理影响等，对于研究孩子的学习力都有着比较积极的作用。墨菲定律中说："大人逼迫得越紧，孩子的学习力越低下。"从孩子牙牙学语开始，到步入学校后的正规教育，都离不开父母的引导和教育。如果选择了不恰当的教育方式，会给孩子的成长带来极大的危害。由此可见，在培养孩子学习力的过程中，父母也应该学会从心理学角度看问题，更好地为孩子的学习加以引导。

对孩子的厌学情绪要对症下药

从心理学角度来说，厌学是孩子消极对待学习的一种行为反应，也是一种典型的心理倦怠反应。根据最新研究表明，有46％的孩子对学习缺乏兴趣，有33％的孩子对学习带有明显的厌恶情绪，而只有21％的孩子对学习有着比较积极的态度。很多父母都会有这样抱怨："孩子对学习提不起一点精神，但只要说起其他的，他就像打了鸡血一般。"……

墨菲定律中说："父母过度关注孩子的学习，最后便带来了一种奇怪的现象，你越是盯着孩子的学习不放，孩子越会厌学，孩子越厌学，父母就越盯着不放，就这样进入了一个恶性循环中。"父母对孩子过高的期望，让孩子陷入了被动学习的境地；学生自身的学习能力，对学习没有信心等都是引起孩子厌学心理的关键原因。

有了这些原因做前奏，孩子无法反抗父母的过度关怀，就只能将这些不满发泄到学习上，厌学情绪便是在这种前提下产生的。

了解了孩子厌学的原因，父母就要"对症下药"，才能够找寻到正确的策略，来帮助孩子赶走厌学情绪。

1. 帮助孩子找到学习动机

马斯洛的需要层次理论说：人类除了生存和安全感以外，还有爱、归属、自尊和自我实现的需要。如若父母帮助孩子在学习过程中满足这些需要，那么孩子就不会出现厌学情绪了。

2. 激发孩子积极向上的意识

孩子没有学习兴趣，有可能是不了解自身的潜能，不知道自己的优势所在。所以父母要帮着孩子列出他们的优势，让孩子看到自己曾经所做的比较有成就感的事情，以此来激发孩子的上进心，唤起孩子积极向上的意识。如，当孩子有了一点小成绩时，父母要及时地给予夸奖，并将这些成绩记录下来，孩子的自信心会在此过程中有所增长，而他的厌学情绪也就自然而然地解决了。

3. 给孩子的特长营造发挥的环境

孩子的特长得以发挥，是最能够激发孩子自信心的。比如孩子擅长朗读，可以鼓励孩子参加学校的朗诵大赛；孩子擅长体育，可以带着孩子参加一些体育活动等。在这个过程中，孩子会很清晰地看到自己的长处和优势，进而体会到成功的喜悦，并开始对学习产生兴趣。

4. 不要以分数的高低来评估孩子的价值

现代社会，分数在很多父母眼中成了评判孩子的唯一标准。成绩好的孩子就是好孩子，成绩差的孩子就是坏孩子。这种评判标准对孩子来说是一种致命的伤害。而最正确的做法是，当孩子有了一点小小的进步或者是退步时，父母都要及时给予鼓励和肯定，并明确表示出自己对孩子的赞赏和信任。这样一来，孩子对学习才不会产生恐惧和厌倦。

5. 帮助孩子找到合适的学习方法

孩子的厌学情绪也受不当的学习方法的影响，孩子学习没有目标、没有方法，进而产生一种无助性的情绪，就很容易厌倦学习这件事情本身。所以，父母可以帮助孩子找到一种适合孩子自身的学习方法，和孩子一起探讨学习的本质，让孩子找到学习的乐趣，轻松学习。

绷得太紧的琴弦容易断

现下，大部分的孩子都在一种"强压环境"下学习，他们要忍受着每天无止境的课外辅导课，要去上各种兴趣班等，就是为了不让自己的人生输在起跑线上。可是在墨菲定律中又说："很多父母口中念着起跑线，可这条起跑线从始至终就从来没有人划定过。"很多父母就这样把持着孩子的每一分钟，他们以孩子的胜利为理由，剥夺了孩子的整个童年。只是他们不了解的是，弦断往往就是因为绷得太紧的缘故，同样，把孩子逼迫得太紧，不仅不会达到父母想要的效果，反而还会伤及孩子的身心。

美国一位物理学教授，他在女儿身上寄予了深厚的期望。从女儿很小的时候，便给女儿报各种兴趣班：钢琴、交际舞、绘画等，即便是买给她的课外书，也都是几国语言版本的，这些安排占据了她学习之外的全部时间。女孩也没有让这位物理学教授失望，成绩名列前茅，报考的兴趣班也有不小的成果。

只是，渐渐地，这个物理学教授发现了一个问题：如此优秀的女儿，却经不起外界的一点风吹草动。衣服找不到了、笔坏掉了、别人动了她的东西，都会惹得她大哭不已。

再后来，女孩开始变得闷闷不乐，开始变得不愿意接触外界，开始无法承受生活中一点点的瑕疵。稍有一点过错，便能够让她的情绪无比激动，最后几乎到了无法掌控的地步。这个时候，女孩只有六岁。

物理教授决定带着女儿去看心理医生。心理医生建议：不要让孩子过早地背上使命，去掉所有的希冀，去掉所有的安排，让孩子做自己喜欢做的事情。

果然，根据心理医生的建议，女孩渐渐开始变得活泼起来。

上述案例就是典型的"过度教育"的案例。父母让孩子身上背负了太多的东西，让孩子的整个心弦都绷得紧紧的，几乎没有了呼吸的空隙。基于此种状况，儿童教育专家说："教育并非以父母为中心，而是要以孩子为中心。不征询孩子的意见，不考虑孩子的感受，会给孩子的心理带来巨大的伤害。"

不要让童年成为孩子的"恐慌地带"，更不要让童年时期的不快成为孩

墨菲定律启悟

> 孩子的学习力就好比手中的一把沙，握得松一些，它就会安安静静地待在那里，可一旦双手收紧，沙粒便会一颗不剩地从你的指缝溜走。

子一生的悲剧源头。一切真心爱护孩子的父母，都应该以孩子为中心，给孩子相对自由的童年，并保护孩子享受童年的权利。

心理学家建议："人在什么样的年纪，就该做什么样的事情。"孩子就该做孩子的事情，他们应该保持最天真的状态去感受生活，在接受教育的同时去尽力探索，父母应该给他们创造一个满足他们好奇心和求知欲的环境，让他们去体验甜酸苦辣，去感受喜怒哀乐……

如若违背了孩子成长的规律，抱着赢在起跑线的念头，给予孩子过大的压力，最后只能让孩子因起跑线而更加受伤。

物质奖励多了，学习动力便少了

心理学家爱德华·德西曾经做过一次非常著名的实验：

他随机抽查了一部分学生，让他们独自去解答一些比较有趣的智力题。

在实验的前期阶段，所有解答出来题目的学生都没有任何的奖励；在中期阶段，每当学生解出一道题目的时候，德西便会给他们一美元的奖励，而没有解答出来的学生，就没有任何的奖励；到了后期阶段，德西给了他们足够的自由时间去支配，可以做他们想要做的事情。结果发现，那些没有得到任何奖励的学生会继续解题，而那些得到奖励的学生则对解题的兴趣大减，几乎没有人主动去解题了。

最后德西得出结论：当一个人在做某项学习任务时，额外的物质奖励却反而会减少这项任务对他们的吸引力，使得相应的学习力减少。而这一试验也被称之为"德西效应"。

"德西效应"在生活中很是常见：孩子考了第一名，就给100块的奖励；孩子得了奖，就给买一个喜欢的玩具等。正是这样的奖励机制，使得孩子们的学习兴趣一点点地降低。由此可见：当孩子正进行某项学习任务时，父母此时送上的物质奖励就是多此一举，甚至会让孩子将奖励和名次排在学习之上，取得适得其反的效果。所以，作为父母，一定要避免过多地使用物质奖励，以免影响了孩子的学习力。

所以，父母在奖励孩子的时候，最为主要的还是要"奖励内部动机"，让孩子自主地去学习，这样才能够不影响孩子的学习力。

1. 帮助孩子树立理想

一些孩子没有学习力的主要原因之一就是没有明确的目标和理想，而父母可以帮助孩子树立好理想，孩子自然便会为了这个理想而努力学习，进而找到学习的兴趣，激发孩子的学习力。

2. 不要将自己的观念强加到孩子的身上

一般来说，金钱等外在的物质奖励是可以起到一定激励作用的，但是将这种理念过于运用在教育孩子上却着实不妥。这样做的结果只会让辨别能力还不是很强的孩子主次不分，将学习和奖励的位置颠倒，无法真正体验到目标实现的喜悦过程。

3. 即便是外在奖励，也应该站在孩子的学习基础上

在使用外在的物质奖励时，父母也应该从孩子的学习角度出发，给孩子买一些如合适的书籍等对孩子有益处的东西，而不是游戏机、手机等。美国曾经有一篇报道，中学生如果带着和学习无关的东西进校，就会被老师没收，不予归还。其中就包括：手机、游戏机等。

4. 不要让奖励成为贿赂

墨菲定律中说："因为孩子不想完成父母的某种要求而被奖励诱惑时，奖励也就变成了可耻的贿赂。"现实生活中也有这样的景象：孩子不愿意学习，父母便以某种物质奖励来让他学习。这样，孩子便开始为了奖励的目标行动，而这种方法在孩子这里也是屡试不爽。之后，当孩子不再满足于当下的奖励时，父母又要开始不断增加奖励的砝码，使得孩子不再为了学习而学习，也不再为了兴趣而学习，由此丧失了学习的内部动力。

孩子没能成为天才，是因为没有学习感兴趣的东西

保加利亚著名的心理治疗师乔治·罗拉诺，自1950年开始，便研究那些智能比较高的人和普通人的区别。结果显示，一个人的学习效率和他们的兴趣有关，如若迎合自己的兴趣学习，那么他们的学习效率将会比普通人提高2～5倍，甚者更多。由此可见，一个人的兴趣，对一个人的学习力具有很大的作用和影响。而在墨菲定律中也说："一个人在自己喜欢学的事物面前，会调动他们全部的感官，将学习效率调整到最高。"

所以，父母若想孩子成才，就应该善于培养他们的兴趣和尊重他们的兴趣。

本杰明·富兰克林12岁辍学后，想要从事航海事业，但因他年龄尚小，父母担心他的安全，这个计划并没有实施。

后来，为了发掘富兰克林的其他兴趣，他的父亲带着他参观不同的行业，然后站在一边观察富兰克林的反应，看他是否喜欢。最后，他的父亲发现富兰克林对书本制造过程很感兴趣，于是便决定让他学习印刷技术，这也让富兰克林有了立身的根本，成为世界上著名的出版商和印刷商。

在上述事例中，富兰克林退学后，他的父亲除了限制了比较危险的航海行业外，并没有对富兰克林的择业过于干涉。而是带着富兰克林去参观各个行业，以此发掘他最感兴趣的东西，由此培育出了世界上大名鼎鼎的出版商、印刷商——本杰明·富兰克林。

可见，当孩子们迎合着自己的兴趣学习时，便能够将他个人的感觉、智慧等发挥到最佳效用。心理学家阿里克森说："不管哪一个人，只要在自己的兴趣领域中学习，十年的时间，就足以成为一个天才。"

所以，作为父母，一定要懂得培养孩子的兴趣，让孩子快乐的学习、成长，这样才能将知识学得更加牢固，便于活学活用。

1. 让孩子在游戏中掌握知识

爱玩是每个孩子的天性，寓教于乐，可以让孩子更好地掌握知识，将学习当成游戏，培养孩子灵活运用知识的能力。这样一来，不仅没有抹杀孩子的童趣，而且还能够达到教育的目的。比如让孩子自己创作故事，从而激发他的思考能力。

2. 培养孩子自动自发的学习能力

墨菲定律中说："如若对学习感兴趣，学习也就成了一种自发的行为。"对于父母来说，学习最好的境界，无非就是让孩子自动学习，无需督促。

在英国，有一种"开放方案学校"的学习方法，主张孩子应该从自己感兴趣的学科上学习，然后再逐步深入，自己制定学习计划、学习目标，久而久之，在感兴趣的科目的推动下，孩子对其他科目也能够自如学习。

3. 找出孩子的兴趣点，以此来引导学习

每个孩子的个性不同，兴趣点也不同，只要父母能够发掘出孩子的兴趣点，并着重引导和培养，就能够将孩子打造成一个天才。

豪尔·葛德纳是哈佛心理学教授，他将人的智能结构分为七种。普通人都拥有这七种智能，只是因兴趣的不同，人往往能在一两种智能上达到了顶峰。这七种智能分别是语文（作家、诗人）、数学逻辑（科学家、程序员）、感觉空间（画家、摄影师）、音乐（音乐家）、身体动作（舞蹈家）、人际交往（领袖、外交家）、认知自我（心理学家、哲学家）等。只要父母根据孩子的某方面的特长，选择合理的教育方式，就能够为孩子才能的发展创造条件。

孩子有了兴趣，就能够快乐地学习，父母也就可以少些担忧了。

> **墨菲定律启悟**
>
> 毫无疑问，在每一个平凡孩子的背后，都往往有一对专制而又不懂得尊重孩子兴趣的父母。

想让孩子成才，就不能制止孩子发问

美国科学家约翰·曼森·布朗普曾经说过："我很感谢上帝，并没有收回我的好奇心，它让我对大大小小的事情充满了渴望，就如同钟表的发条一般，给了我全新的生命力。"而在现实生活中，当孩子不断发问时，大部分的父母却总是粗暴地打断他们，并拒绝回答他们的问题。这样一来便抹掉了孩子的好奇心，压抑住了孩子的求知欲。没有好奇心、求知欲的孩子是很难成才的。就好比墨菲定律中说的那样："很多父母，一边迫切地想要自己的孩子成才，一边又很粗暴地拒绝了孩子的发问。"

从心理学角度而言，好奇心就是一个个体在碰到新事物时所发生的注意、操作、提问的心理倾向，是个体学习的内在动力。而孩童时期的探究反射就是人类最初的好奇心，是孩子认知外界事物的起点。所以，作为父母，应该鼓励和支持孩子的好奇心，不要打击孩子提问的心理倾向，以保证孩子的创造性人格的正常发展。

著名教育家塞德尔兹就非常注重对孩子好奇心的培养。

有一次，小塞德尔兹拿着一本少儿版的《达尔文进化论》走了过来，并问道："爸爸，达尔文说人是从猴子中进化而来的，是这样吗？"

塞德尔兹回答说："我不能确定它是否绝对正确，但达尔文也是有一定道理的。"

小塞德尔兹又问："如若是真的，那么为什么现在的猴子还是猴子呢？"

塞德尔兹说："那是因为猴子中的一部分进化成了人类，而另一部分则没有得到进化。"

小塞德尔兹又继续说："如果是这样，那这本书是有问题的。"

塞德尔兹说："能有什么问题呢？"

小塞德尔兹说："既然说的是进化论，难道不是所有的猴子都要进化吗？"

塞德尔兹说："据我所知，一部分的猴子因为某些原因而不得不在地面上行动，这样一来他们的攀爬能力逐渐退化，之后又学会了直立行走，所以慢慢进化成了人类，而还有一部分猴子他们生活在树上，所以没有进化。"

小塞德尔兹又说道："猴子这样灵活，为何要进化呢？"

塞德尔兹说："猴子的肢体比较灵活，但人类的大脑却非常灵活。"

小塞德尔兹说："如若这样，我宁愿可以像猴子一样，可以在树间跳来跳去。"

塞德尔兹说："身体灵活是很好，但是最重要的还是大脑的灵活，只有这样才能够创造人类的文明。"

小塞德尔兹又问："为什么要创造文明？"

……

就这样，父子俩你来我往地谈论了近一个小时的时间才作罢。

而这一切，都被前来拜访的哈塞先生看在眼里。哈塞说："塞德尔兹先生，不得不承认，你是个很有耐心的人。"

塞德尔兹回答："我的耐心并不好，只是我知道孩子发问的重要性。只有我回答他的问题，才能够激起他的求知欲。我不想将他的这一品质给抹杀掉。"

每对父母都要明白，好奇心是创造力的前提，是孩子与生俱来的本能。保护孩子的好奇心，则是每对父母的责任，鼓励孩子带着好奇心去学习，支持孩子的"为什么"，这才是聪明父母的做法。

1. 鼓励孩子多问"为什么"

相关研究表明，好奇心是孩子思维能力和创造力发展的基础，鼓励孩子多问"为什么"，可以培养孩子的创新思维，利于孩子的大脑发育。

2. 在"为什么"面前，父母一定要有耐心

当孩子发问时，父母可以先让孩子说出他自己的答案，然后再引导孩子认知正确的答案。不过，在回答孩子问题的时候，父母不要表现出

不耐心的表情，这样会打击孩子的积极性，让孩子以后不敢再问问题。

3. 父母要在问题中引导孩子举一反三

孩子虽然喜欢发问，但由于他们大脑发育还不完善的缘故，还无法做到触类旁通。所以，当孩子在发问时，父母一定要注意引导孩子的联想能力，并且举一反三，开阔孩子的思路，也能够加深孩子对事物的理解。比如，苹果是水果，梨、葡萄、香蕉等也都是水果。

> **墨菲定律启悟**
>
> 孩子提出越多的问题，在他童年时期也会认识越多的东西，眼睛会越明亮，脑袋会越聪明，思维会越敏锐。

培养孩子读书的兴趣

阅读是通过书面语言来获得表达意义的一种心理过程，也属于一种基本的智力体现。现代心理学认为，书籍作为一种客体的存在，原本就承载着作者隐形或者是显露的思想、见解，这种思想、见解也影响着阅读者这个主体。阅读者联合自己的经验，以顺应或者逆反这种见解等，来发展自己认知的过程。

而在教子过程中，引导孩子阅读也是父母任务中的重中之重，阅读既可以锻炼孩子的思维发展能力，又能够辅助孩子的智力发展，是孩子学习过程中不可或缺的一项重要内容。墨菲定律中说："早一天阅读就能够早一天得到精彩，晚一天阅读就可以早一些迎接平庸的到来。"在现代社会中，父母为了孩子的阅读教育，不惜一切代价、竭尽所能地为孩子提供一切便利：购买书柜、购买大量书籍、给孩子设置一个专门的书房等。不过，在此过程中也出现了一系列的问题：父母给孩子购买什么样的书？买完书之后如何监督孩子阅读？让孩子怎么读书等？对于这些问题，大部分的父母似乎并没有思虑周全，有些专家给了一些建议。

1. 给孩子创造平等、和谐的心理环境

有专家认为，平等、和谐的心理环境是孩子阅读的前提。父母在孩子阅读过程中，要给孩子创造一个利于阅读的环境，比如给孩子做出喜爱阅读的榜样；保持每天阅读的习惯；给孩子各种有利的阅读刺激等。

2. 阅读过程中，不要给孩子定量

在孩子阅读过程中，通常会出现这样的情况：你一周应该读完一本书，你今天要读完几页，你要把你学到的东西写下来……墨菲定律中说："越无知的父母越是在乎读书量。"这是很多父母经常犯的错误，他们将孩子最终掌握知识的程度当成阅读是否有效的标准，这是非常可怕的一种认知。

阅读的功能有很多，而学习知识只是其中的一部分而已。在家庭

教育中，阅读的真正作用是促进亲子关系，培养孩子阅读的好习惯，以此来提升孩子将来的学习力。所以作为父母，一定要正确认知阅读这件事情，万不可将阅读和知识画上等号，这样不利于孩子阅读习惯的养成。

3. 阅读不是简单的识字教育

很多父母给孩子买书的初衷，就是希望孩子能够认识更多的字词。其实不然，心理学家表示，阅读开始越早越好，而识字教育却不能过早地进行。学前时期的阅读主要是为了培养孩子的创造力和想象力，过早地进行识字教育会剥夺孩子的这种能力。所以，父母在引导孩子阅读时，可以有意识地引导孩子对图画、色彩、构图的想象和理解，并让孩子对书本内容进行讲述，父母也要适时地进行互动。

4. 好好把握睡前十分钟

睡前阅读是孩子阅读中不可缺少的一部分。心理学家西格曼认为："睡前十分钟的阅读，可以帮助孩子有效地进入睡眠状态，能够提升孩子的免疫力，发展孩子的想象力和倾听技巧。"有研究表明，睡前是孩子记忆力最好的时段，这个时候的阅读对孩子来说是比较有效果的。

总之，在培养孩子学习力的过程中，阅读是不可缺少的一部分。而阅读又是一个复杂、多元的过程。在教子阅读时，父母一定要给孩子营造一个适宜阅读的环境，并使用科学的方法引导孩子阅读，以此帮助孩子积累阅读经验，提高阅读能力，进而提升自己的学习力。

★测试：孩子学习方法正确吗

根据题目选项，找出符合自身情况的选项。

1. 会在自己不懂的地方做笔记（　　　）

　　A. 符合　　　　　B. 不定　　　　　C. 不符合

2. 平日所看的书籍大多都和学习无关（　　　）

　　A. 符合　　　　　B. 不定　　　　　C. 不符合

3. 思考时，会有自己的观点，并且对此很自信（　　　）

　　A. 符合　　　　　B. 不定　　　　　C. 不符合

4. 会充分对下节课做预习（　　　）

　　A. 符合　　　　　B. 不定　　　　　C. 不符合

5. 碰到问题时，喜欢和人讨论（　　　）

　　A. 符合　　　　　B. 不定　　　　　C. 不符合

6. 每天孩子都会对自己所学内容进行归纳总结（　　　）

　　A. 符合　　　　　B. 不定　　　　　C. 不符合

7. 听人讲解时，会紧盯讲解人的眼睛（　　　）

　　A. 符合　　　　　B. 不定　　　　　C. 不符合

8. 参考书是必不可少的学习辅助品（　　　）

　　A. 符合　　　　　B. 不定　　　　　C. 不符合

9. 经常会将学习重点写出来（　　　）

A. 符合　　　　B. 不定　　　　C. 不符合

10. 不依赖工具书（　　　）

A. 符合　　　　B. 不定　　　　C. 不符合

11. 会自动分析错误的原因（　　　）

A. 符合　　　　B. 不定　　　　C. 不符合

12. 重要的内容，他会额外集中（　　　）

A. 符合　　　　B. 不定　　　　C. 不符合

13. 一定要弄明白自己不懂的地方（　　　）

A. 符合　　　　B. 不定　　　　C. 不符合

14. 能够举一反三（　　　）

A. 符合　　　　B. 不定　　　　C. 不符合

15. 先看题，再解题（　　　）

A. 符合　　　　B. 不定　　　　C. 不符合

16. 阅读过程中，会在重点处做记号（　　　）

A. 符合　　　　B. 不定　　　　C. 不符合

17. 会向别人请教不懂的问题（　　　）

A. 符合　　　　B. 不定　　　　C. 不符合

18. 学习中的问题也会拿来讨论（　　　）

A. 符合　　　　B. 不定　　　　C. 不符合

19. 比较看重学习方法（　　　）

A. 符合　　　　B. 不定　　　　C. 不符合

20. 会反复记忆比较重要的公式、定理（　　　）

A. 符合　　　　B. 不定　　　　C. 不符合

21. 学习的时候，喜欢找个参照物（　　　）

A. 符合　　　　B. 不定　　　　C. 不符合

22. 会有一本比较完整的笔记（　　）

　　A. 符合　　　　　B. 不定　　　　　C. 不符合

23. 有一个错题本（　　）

　　A. 符合　　　　　B. 不定　　　　　C. 不符合

24. 解题时，也会参照答案（　　）

　　A. 符合　　　　　B. 不定　　　　　C. 不符合

25. 制订了学习计划，会严格执行（　　）

　　A. 符合　　　　　B. 不定　　　　　C. 不符合

测试结果：

A 选项超过 20 个的：孩子的学习能力比较强，也有属于自己的比较理想的学习方法。

其他的选项：学习方法比较一般，在某个环节上或许出现了问题，又或者是某项学习计划并没有做到位。

Part 7

思维能力中的墨菲定律：
孩子是你的，但脑袋却是他的

墨菲定律说："现在不生活在未来的人，未来他们便会生活在现在。"而思维能力便是带领人们走向未来的关键所在，是人们学习、生活、工作的重要依据，是孩子学习能力的核心关键。思维能力看上去很神秘，看不到、摸不着，而在此章节中，我们把思维能力具象化，从心理学的角度出发，让父母更好地理解孩子的思维能力，以更好地辅助孩子思维能力的发展。

走不通的时候，学着打破固定模式

墨菲定律说："那些能够把人限制住的，也只有人自己。""思维定势"是心理定势的一种，也被称之为"惯性思维"，属于一种比较特殊的心理准备状态。当发生常见的问题时，人们可以利用常用的方法来解决，而当问题有了一定的变化时，这个"常用方法"便会阻碍人们的思维，会成为人们跳脱困境的思维枷锁。

美国心理学家迈克曾经做过一个实验：

迈克将两根绳子从天花板上垂下，并在周围放置了一个滑轮。随后，迈克找来了一个小学生，让他将两个绳子的末端系在一起。此时，问题出现了：孩子张开双臂根本就无法同时抓住两根绳子，抓住这一根就抓不住另一根。此时，迈克故意将孩子的视线吸引到旁边的滑轮上，但是孩子却不为所动。自然，实验最后以失败告终。

此则实验就是很明显的"思维定势"的例子，孩子依照过往有限的经验认为，系绳子的办法仅仅只能依靠人的两只胳膊。其实这个任务很容易完成，只需要将滑轮系到一根绳子上，然后用力摆动这根绳子，此时快速抓住另一根绳子，等滑轮摆动过来的时候，实验者便可以迅速抓住，自然就能够完成系绳子的工作了。

研究证明，人的思维空间是无限大的，它至少可以演变出亿万种的变化，只是这种变化却被思维定势限定住了。所以，当面对困难时，打破思维定势，走出禁锢思维的那堵墙，所有的事情或许就变得柳暗花明。由此可见，父母应该从小培养孩子的这一思维习惯，当遇到困难，当想不通问题的时候，就需要打破固有的思维模式，去寻找另一种方法。

那么，父母该如何帮助孩子克服思维定势呢？

1. 增加孩子的见闻

首先，父母应该知道，打破思维定势的方法，并不是凭空而出的，它是建立在一定的见闻、知识、技能之上的。而孩子的生活面比较狭窄，见识比较受限制。父母平日应该多带着孩子参加一定的户外活动，去博物馆、动物园等，帮助孩子积累感性材料，开阔孩子的眼界，可以辅助孩子多角度思考问题。

2. 玩具是孩子不可缺少的玩伴

积木、七巧板、拼图等，都是比较灵活的益智玩具，他们可以拼出不同的造型、图案。让孩子多多玩此类的游戏，也可以训练孩子思维的变通性，能够让孩子脱离惯性思维的限制。

3. 给孩子自由、宽松的成长环境

帮助孩子打破思维定势，需要做的就是要打破传统的思维模式，在思考中力求创新。而此过程中，就需要父母给孩子创造一个自由、宽松的成长环境，不要过于限制孩子的自由成长范围，可以让他们自由思考，父母则注意从中加以引导即可。

4. 适时给孩子提出一些问题

提问，也是帮助孩子打破思维定势的方法之一，多问"这有什么作用""还有什么作用""你有什么想法"等。

偶尔和孩子争论一番，好主意就可能由此产生

苏格拉底是西方著名的哲学家，他教学的方式非常特别。苏格拉底大部分的教学都在户外进行，市场、公园、大街上等都是苏格拉底授课的场所。他喜欢以问答的形式教学，并希望以这样的方式能够启发学生们新思想的产生，并且惯于从抽象的问题中找出具象的事物，和学生们开展辩论。

有一次，一个学生询问苏格拉底："到底什么是善行呢？"

苏格拉底回答说："偷盗、抢劫、欺诈、贩卖人口，这些是善行还是恶行呢？"

学生回答："这些都是恶行。"

苏格拉底又说道："既然这样，那么欺骗自己的敌人，属于恶行吗？"

学生有些犹豫地说："这……是善行。我说的是朋友之间，不包括敌人。"

苏格拉底又继续反问说："那么如若你偷了朋友用来自杀的工具，这是恶行吗？"

学生又说道："这是善行。"

苏格拉底继续启发自己的学生："在人们看来，欺诈属于恶行。如若一个将军，为了鼓舞身处危境的士兵们，便谎称援兵已经在路上，事实上却根本没有援军这回事。那你说这是善行还是恶行呢？"

学生继续吞吞吐吐地说："这当然是善行。"

经过这一来一往的问答，学生们的思维能力被释放出来，并主动开始去分析、思考善恶行的问题。后来，这一种教育方法被称之为"苏格拉底问答法。"

不管是学校教育，还是家庭教育，"苏格拉底问答法"都非常的适用：在问答的过程中，打开受教育者的思维，并让其在此过程中发现问题，抛却原本的错误观念，以此来引发受教育者的思考。苏格拉底从来不会给学生现成的答案，而是以发问、反驳、争辩的方式，让学生自己思考，并自主得出新的思想和观念。这一方式，值得父母们的学习。

那么，在进行"问答式"教育时，父母该如何进行呢？

1. 清楚辩论的目标是什么

辩论总有一个辩题，总有一个最终的目的。如若父母在进行此番教育时，没有一个明确的目标，最后也就不会达到想要的效果，不会激发孩子的求知欲，自然也就不能引导孩子掌握更多的知识和技能。

2. 辩论的前提一定要站在科学的角度，引导孩子积极思考

墨菲定律中说："给孩子吃鱼的父母很多，教授孩子如何捕鱼的父母却很少。""问答式"的教育方式，并不是专注于问题的争辩，而是要让孩子在此过程中学习一些解决问题的方式，给孩子创造一个直接解答问题的环境。由此可以引发孩子的积极思考，之后再适当地进行启发。

太多的建议会阻碍孩子的独立思考能力

很多父母，都喜欢甚至习惯于给孩子太多的建议，几乎事事都替孩子包办。而孩子在父母这种教养方式下，形成了事事依赖父母的心理，从而丧失了自主思考的能力，更不知如何去解决问题。而在这种环境下长大的孩子，融入社会生活后，也不会有太大的出色表现，只会人云亦云，成为普通众人中的一员。

墨菲定律中说："孩子是你的，而脑袋却是他自己的。"一个人独立思考的能力，对一个人的一生影响巨大。能够独立思考的孩子，善于发现问题，也能够更好地解决问题，他们的思维要比常人更加缜密，视角也会比常人开阔很多。那些能够独立思考的孩子，其日后的成功概率也要比普通孩子高。

伟大的科学家、思想家爱因斯坦便极其注重对孩子独立思考能力的培养。

爱因斯坦晚年时期居住在美国的普林斯顿地区，他的邻居有一个十一二岁的小女儿，这个小女孩经常来看望爱因斯坦，而爱因斯坦也会不定期地帮小女孩检查一下作业、辅导功课等。

有一次，小女孩指着一道题说："这道题太难了，到底该怎么做？"

爱因斯坦摸了摸女孩的头说："孩子，我可以给你一个方向，但是最终的答案，还需要用你的头脑去寻找。"

这不仅是爱因斯坦和小女孩平日里的相处模式，也是少年时期的爱因斯坦的学习模式。

爱因斯坦常说："一定要学会思考、思考、再思考，我便是用这样的方法成为科学家的。"一语道出了独立思考的重要性。由此可见，要想让孩子日后成才，现在就需要开始培养孩子独立思考的能力，而不要给予孩子过多的建议。

1. 给孩子创造独立思考的空间

孩子的成长环境，对孩子个性的形成和创新能力的培养，都有着极其重要的影响。而在此过程中，孩子的一举一动都带有他们独立思考的属性，当孩子出现错误时，父母可以从旁引导，而不可妄加干涉。要给孩子一个独立的、完整的思考空间。

> **墨菲定律启悟**
>
> 独立的思考能力，对一个人的一生影响巨大。父母在和孩子对话时不妨多使用商议、提问的方式。

2. 以商量、提问的方式和孩子交谈

在和孩子对话的时候，父母可以多使用商议、提问的方式，以不确定的语气结尾，来给孩子留下独立思考的空间，并让孩子说出自己的看法。比如："我的这个提议，你觉得如何呢？""除此之外，还有没有其他的方法？"

3. 在问题面前，父母不要过多插手

在现实生活中，当孩子遇到难题时，很多父母都会直截了当地告诉孩子答案或者是解决方法，而不留给孩子独立思考的机会。父母这样的做法，对孩子思维能力的发展非常不利。墨菲定律中说："看似再简单

的问题，也需要人们动用思维能力去解决。"再加上孩子的思维能力发展不成熟，一些在大人看来无比简单的问题，对于孩子来说可能就需要经过一番思考。所以，当孩子遇到难题时，父母可以从旁提醒，给予一些积极暗示和激励，但要让孩子自己去找寻最终的答案。这样才能够有利于养成独立思考的好习惯。

没有决策思维的孩子，长大后也很难有决策力

决策能力是思维能力的一部分，这种能力并非是天生就有的，而是在于父母自小对孩子的培养。美国心理学家舒尔博士说，可以自己独立思考并做出有效决定的孩子，长大之后就不容易被困难困扰，而且这样的孩子攻击性比较低，人际关系比较好，学习成绩也比较不错，自信心比较足，不会盲从大众。

因此，决策能力是孩子未来生存的必要能力，也是孩子拓展未来发展空间的唯一方式。所以从小培养孩子的决策能力，也是教子生活中不可或缺的一部分。

1. 给孩子自己选择的机会

生活中有太多大大小小的选择，对于成人来说：买什么样的衣服，做什么样的饭，以什么样的交通方式上下班等，每天这样的选择都要重复上百遍。自然，对于孩子来说，也是少不了各种选择的：晚上看什么样的书，玩什么样的游戏，看什么样的电视等。父母应该抓住这些选择

的时机，给孩子自我做主的权利。买衣服的时候，让孩子自己挑选款式、颜色；装修孩子房间的时候，听取一下孩子的装修建议等。在这个过程中，孩子的决策能力就自然而然地培养起来了。

2. 分析事物的本质，帮助孩子更好地决策

大多数情况下，决策并不能单凭个人喜好，还需要考虑很多的外界因素：买书桌的时候，要考虑到空间大小、价格、实用性以及安全性等。这些都是影响选择的要素。所以，当孩子在做抉择之前，父母也要有意识地引

> **墨菲定律启悟**
>
> 做事情犹犹豫豫的人，是做不好事情的，所以决策能力是孩子未来生存和发展的必要能力。

导孩子认识这些因素，认识到事物的内在本质，才能够有利于帮助孩子更好地做出选择。

3. 有选择性地创造适宜孩子能力培养的环境

思维敏捷、独立思考和过硬的心理素质等是决策能力的核心要素。父母日常可以创造一些特定的情境，比如设计一些有合作性质的游戏，并在游戏过程中，给孩子准备几个多项选择，让孩子在经过充分思考的基础上，做出最贴切、实际的选择。

4. 拒绝人云亦云，让孩子有自主判断能力

从心理层面来说，大部分的人都有从众心理。墨菲定律中说："当一群人在做同样的事情时，会有99％的人不知道自己正在做什么。"从众心理对于个人的判断能力有着很大的影响，当个人行为和群体行为有冲突的时候，个人行为往往会服从于群体行为，并以此获得心理上的安全感。父母可以多制造一些可以"从众"的情境，然后引导孩子从中做出自己的判断。

培养孩子的逆向思维能力

墨菲定律中说："大部分的人走在正确的道路上，而只有极少数的人走在创造的道路上。"当别人都顺着问题的正面进行思考时，那些富有创造力的人，已经站在了相反的方向。这便是心理习惯中的"逆向思维"，也被称作"求异思维"。

易卜生是挪威著名的剧作家，他年轻的时候曾经参加过工人运动。

有一次，他正写一些秘密的联络信时，一群警察围住了他的房子。警察不停地敲着门，似乎就要破门而入了。易卜生望着眼前一堆来不及处理的秘密文件，心中很是着急。几分钟后，易卜生迅速做出了应对策略：他将这些机密文件全部都揉成团扔在废纸堆上，又将一些无关紧要的文件锁进床头的小柜子里。

等到警察进来后，易卜生装作很慌乱的样子，眼睛不时地看着床头柜的方向。易卜生的这一举动果然引起了警察的怀疑，他们搜走了柜子里的全部文件。最后又因文件无碍，易卜生才得以被无罪释放。

案例中的易卜生使用的便是逆向思维：他知道警察在乎的肯定是这些机密文件，而根据一般人的思维方式，机密文件必定藏在比较安全的地方，而易卜生抓住这一思维特点，反其道而行之，为自己赢得了生机。

逆向思维，是用相反方向的思考方式来应对平时司空见惯的事物，属于思维方式的一种。而很多时候，一些正常的方法并不适用于一些特殊的问题，而此时从结尾推回开始，使用逆向思维的模式，或许会取得意想不到的好效果。心理学家说：正向思维决定了态度，而逆向思维则决定了广度。如若孩子只接受了单向的思维训练，那么孩子的思维能力将会大幅度降低。这就需要父母在培养孩子正向思维能力的同时，也要注意逆向思维的培养。

儿童心理发展研究表明，3～12岁，属于逆向思维发展的关键时期，父母应该抓住这一时期，培养孩子逆向思维的能力。

1. 孩子三岁之前的培养方法

孩子三岁之前，语言表达能力和独立的思考能力比较低，所以在培养他们的逆向思维能力时，适宜使用一些比较简单的方法：运用正反义词的方法培养孩子的逆向思维能力，父母要注意帮助孩子理解正反义词的意思。同样的问题，可以采用不同的提问方式，如"哪种小动物比较喜欢吃竹子啊？""喜欢吃竹子的是哪种小动物啊？"等诸如此类的。

2. 三岁以上孩子的培养方法

三岁以上的孩子的思维能力开始迅速发展，此时的父母可以依据这一特点，进行针对性的训练：给孩子一点错误，让孩子找出来，比如矮象高兔、胖猴瘦猪等，以此培养孩子的逆向思维能力、空间想象力和暂时记忆力；同一件事物，分出利弊两面，如"吃水果有什么好处""水果吃太多有什么坏处"等。

总而言之，逆向思维

墨菲定律启悟

很多情况下，循规蹈矩却常常使得我们一事无成。

能力，就是一种反方向思考问题的能力，并提出和常人不同的见解与看法。培养孩子的逆向思维能力，就是给予了孩子从不同角度看问题的能力，给孩子的创新思维的发展铺开了道路。

为孩子插上想象力的翅膀

墨菲定律中说："一个不富于想象力，对任何事物都没有兴趣的孩子，他是有缺陷的。"外国著名的教育专家说："只要孩子的智商没有问题，就任由他天马行空吧，不要用'标准答案'束缚他。"

瓦特对"蒸汽"的思考，才有了之后的蒸汽机；莱特对"人类翅膀"的想象，才实现了人类飞向天空的梦想；歌德对故事的想象，才造就了之后的大作家。想象力是孩子的天性，是孩子一生中很是宝贵的东西，也是一个民族创新发展的根基所在。在教子过程中，培养孩子的想象力，也成了父母任务的重中之重。

伟大的生物学家达尔文出生在英国的一个医生世家。

达尔文自小喜欢幻想。有一次，他拿着从山上捡来的一块小石头，对他的姐姐卡罗琳说："这里面藏着宝石，价值连城。"还有一次，他还曾信心满满地对自己的同学说，他可以用一种神秘的方法，培育出各种各样的樱草和报春花。只是，达尔文却从未做过这方面的实验。

在姐姐卡罗琳看来，达尔文的这种种行径就是撒谎。于是她将这些事情全部告诉给父亲，希望父亲能够好好管教他。只是，他们的父亲听了之后，并没有制止达尔文的行为，并且还对女儿说："这是一件好事，并不是你的弟弟在撒谎，而是他的想象力在说话。说不定，这种想象力在之后的某一天能够运用到他的事业中去。"

为了给予达尔文最大的鼓励，他的父亲还专门收拾出来一间小房子，作为达尔文的"实验室"，他可以在里面依据自己的想法为所欲为。

达尔文的父亲便很注重保护孩子的想象力，不会轻易抹杀孩子的这种品质。在这种环境下长大的达尔文，养成了勤于思考、善于想象的好习惯，进而成为了一名伟大的生物学家。由此可见，想象力对于孩子来说是不可或缺的。所以父母要注意培养孩子的想象力。

1. 做一些有关想象力的训练

给孩子讲故事，似乎已经成了家庭教育中的常态设置。而父母在给孩子讲故事的时候，可以适当地留下一些想象的空间：讲到一半的时候，可以让孩子自行想象接下来的发展。此外，也可以给孩子一些简单的字母、符号，让孩子根据自己的想法来对其进行自由组合。

2. 引导孩子将书中的文字表象化、具体化

孩子阅读书籍的时候，父母可以选择富有故事性、描述性比较强的一段话，让孩子自由发挥想象：比如孩子心中的白雪公主是什么样子的？小矮人是什么样子的？他们在一起生活的状态又是什么样子的？

3. 孩子的拆拆卸卸，恰好证明孩子的脑袋里面有想法

很多父母可能都有这样的困扰：刚买了没几天的玩具，就被孩子大卸八块了。这种情况对于孩子来说实属正常。每个孩子都有比较强的好奇心理，他们好奇一切未知的事物。所以父母在培养孩子想象力的时

候，可以给孩子购买一些容易拆卸的玩具，让孩子再进行自由组装等。这也是培养孩子想象力的好方法之一。

4.脑筋急转弯是必不可少的训练内容

心理学研究表明，孩子三岁之后，右脑开始迅速发育，左脑主管着思维能力，而右脑则主管着想象能力。此时，父母可以根据孩子大脑发育的这一特点，以脑筋急转弯的方式来训练孩子的想象力。如"口"字加一个笔画可以演化成什么字等。

> **墨菲定律启悟**
>
> 如若今天的你不懂得活在未来，那么未来的你只能活在现在。

★测试：孩子的创造力如何

根据问题选出相应的答案。

1.当别人说话的时候，他总是可以专心倾听（　　）

　　A.是　　　　　B.否

2.完成老师布置的作业后，他总有一种成就感和兴奋感（　　）

　　A.是　　　　　B.否

3.观察事物的时候非常仔细（　　）

　　A.是　　　　　B.否

4.写东西或者是说话的时候，喜欢作比较（　　）

　　A. 是　　　　　B. 否

5. 读书、写字的时候，他能够全神贯注（　　　）

　　A. 是　　　　　B. 否

6. 看书的时候，会对书中的答案提出质疑（　　　）

　　A. 是　　　　　B. 否

7. 喜欢刨根问底（　　　）

　　A. 是　　　　　B. 否

8. 日常的时候喜欢思考（　　　）

　　A. 是　　　　　B. 否

9. 喜欢从不同角度找出不同的答案（　　　）

　　A. 是　　　　　B. 否

10. 别人谈话的时候，他也能够发现问题（　　　）

　　A. 是　　　　　B. 否

11. 喜欢玩一些比较有创造性的游戏，并常常会因此忘记了时间（　　　）

　　A. 是　　　　　B. 否

12. 可以自主发现问题，并能够找出问题之间的联系（　　　）

　　A. 是　　　　　B. 否

13. 有强烈的好奇心（　　　）

　　A. 是　　　　　B. 否

14. 喜欢猜测结果，并且喜欢对结果进行验证（　　　）

　　A. 是　　　　　B. 否

15. 脑子里总有一些稀奇古怪的想法（　　　）

　　A. 是　　　　　B. 否

16. 观察力很敏锐（　　　）

    A. 是   B. 否

17. 在困难面前从来不懂得退缩（   ）

    A. 是   B. 否

18. 遇到困难的时候，会用自己的方法先行解决（   ）

    A. 是   B. 否

19. 解决问题的时候，还会有新的发现（   ）

    A. 是   B. 否

20. 在问题面前，可以找出多种解决的方法（   ）

    A. 是   B. 否

测试结果：

全部"A"选项：有着很强的创造力。

16个以上"A"选项：创造力优秀。

10～15个"A"选项：创造力一般。

10个以下"A"选项：创造力比较差。

Part 8

目标树立中的墨菲定律：给什么样的标签，成为什么样的人

　　墨菲定律中说："没有目标的时候，遇到的总是逆流。"在心理学家看来，当人们有了明确的目标后，行动才算是有了真正的意义，其行动力也能够维持得更加持久，人们便能够努力达成既定的目标。由此可见，目标的树立对于人生的意义重大。在教子过程中，父母应该帮助孩子树立合适的目标，以成就孩子的人生。

没有目标的孩子，也没有快乐

目标，是真正人生之旅的开始，我们可以没有目标地活着，但要想活的快乐，我们却又必须树立一个目标。没有目标，日子就会结束，就会像碎片一般消失殆尽。墨菲定律中说："说来也很奇怪，那些没有目标而不快乐的人，却从来都不承认'我不快乐'。"

从心理角度来说，明确的目标可以发挥人们潜意识的巨大能量。一旦设定了明确的目标后，潜意识的能量就会发挥出来，对人的成长具有积极的推动作用，而且还能够在此道路上不断地改善和修正。

而在孩童时代，孩子的目标意识比较差，没有明确的志向，做事盲目，没有方向等，这就需要父母发挥其引导作用，帮助孩子树立正确、适合的目标，让孩子少一些迷茫，多一些方向，也就多了一些自信和快乐。

1953 年，美国哈佛大学曾经对当时的应届毕业生进行了一次跟踪调查，在这次调查中，哈佛大学一一记录了他们每个人毕业后的目标和达成目标的计划，最后只有百分之三的学生给出了肯定的答案。1973 年，相隔二十年后，哈佛大学又重新访问了当初的那一批毕业生，最后发现那百分之三有明确目标的学生，不管是在事业还是家庭上，他们的现状都要比那些没有目标的人高出很多。更让人惊讶的是，这百分之三的人创造的财富总和，竟然远远大于其他百分之九十七的人的财富总和。而这一切的结果便展现了设定明确目标的力量。

在上述事例中，便体现出了设定目标的意义。有了目标，人们才知道前进的方向，才明确追求的道路。而没有目标，人也就成了一副躯壳，犹如行尸走肉般。墨菲定律中说："人活一生，无非追求两种生活，要么是远离痛苦，要么是追求欢愉。"而目标，便是让我们远离痛苦、追求欢愉的唯一路径。所以，为了让孩子们更好地享受生活，更好地绘画自己的人生道路，那么就得让孩子学会制定目标。而对于心理还未发育成熟的孩子来说，父母便成了他们制定目标的可靠帮手。那么，作为父母，我们该如何帮助孩子制定目标呢？

1. 尽早帮助孩子制订人生规划

实际上，美国人在孩提时代就已经开始制订人生规划了，并且建议在孩子六岁的时候就开始进行职业指导，并将孩子的一生分为小学、初中、高中、成人四个阶段。每一个阶段又分为三个环节：自我认知、探索教育、职业规划等。在此循环过程中，父母和孩子会逐渐找出精准的人生定位和职业发展方向。所以，作为父母，也应尽早帮助孩子制订好人生规划，根据孩子每个阶段的心理发展变化程度制定相应的人生规划目标，并及时做出更改和完善。

2. 有了目标后，帮孩子将大目标分解为小目标

目标分解法是心理学中常用的一种法则。在日常生活中，人们会在心理无限地放大目标的难度，从而给自我设限，让自己不堪重负，而显得疲惫不堪。所以，父母在给孩子制定了一定的目标后，还要帮助孩子将大目标分解成一个个的小目标，减少孩子的心理压力，在完成一个个小目标的同时，增强孩子的自信心，从而逐渐向大目标靠近。就如同墨菲定律中所说的那样："很多时候，我们并非因为事情难做而失去了自

信，而是因为失去了自信才让事情变得难做起来。"

3. 发挥父母榜样的力量

孩子在成人之前，接触最多的就是父母，而这一阶段，孩子的重点模仿对象自然也就是父母了。所以，在孩子面前，父母要尤为注意自己的一言一行，在帮助孩子树立目标的同时，也给自己的人生树立起阶段性的目标，并努力向上，和孩子一起完成既定目标。

> **墨菲定律启悟**
>
> 目标对人的成长具有积极的推动作用。帮助孩子树立正确的目标，就会让孩子少一些迷茫。

锁定少数能够完成的目标，切莫追求过多

法国思想家福柯曾给儿子写信说："不必为了自己没有超人才华和能力而苦恼不堪，只要你锁定一个目标，即便你是一个资质平平的人，最终也会走向成功。"墨菲定律中说："世界上只有少数人执着于少数的目标，所以最后也只有他们成功了。"的确，在现实生活中，人们总是追求的太多，进而在这众多的目标中迷失了自己。

一位著名的心理学家曾说："人之所以会心累，是因为他们被淹没在了各种各样的目标当中。"人们经常将自己的生活搞得一团糟，而他们却从不自知。他们有很多的想法，却不知道如何将其化为现实。而这种情况在孩子身上也时有发生。比如，有些孩子喜欢唱歌，便梦想着要做歌唱家，可他又比较羡慕演员，还想着做一个画家等。

研究表明，如若孩子长时间地处于思维混乱、没有目标的状态中时，便会进一步影响其心理，进而影响到孩子的身心健康。

E.I. 杜邦幼时并没有什么过人的天赋。

杜邦小时候的家境比较富裕，父亲是商业总监，而他又深受法国著名化学家拉瓦锡的影响，开始学习化学。拉瓦锡对他非常器重，还教给他世界顶尖火药的配制方法。法国大革命爆发后，杜邦跟随家人漂洋过海来到美国避难。

他的父亲在新的领域开始新的生活：贩卖土地、走私黄金等，做了很多领域的工作，最后都以失败告终。此时杜邦想起了自己在拉瓦锡那里学到的制作火药的技术，再加上当时的战乱背景，便决定将制作火药当成创业的唯一目标。后来，杜邦成了美国最大的火药商，并创建了自己的公司，这便是闻名世界的杜邦公司。

> **墨菲定律启悟**
>
> 　　一般情况下，人们的迷失是因为想要的太多，而做到的却太少。

杜邦的成功便是验证了"执着于一个目标"的重要性。杜邦的父亲在初创业时，尝试了很多种职业，涉足了很多领域，但却都以失败而告终。最后，杜邦却决定在自己所熟悉的火药领域发展，进而成就了杜邦公司。

美国管理学家汤姆·彼得斯曾对自己的儿子说："一个人的精力是非常有限的，如若同时把精力放在众多目标上，那么结果就是白白浪费了精力而一事无成。"目标太多，反而会扰乱孩子的思维能力。同样，当孩子被目标所困时，父母一定要及时地伸出援助之手，将孩子从迷惑的深渊中拉出来。

父母可以建议自己的孩子，每天抽出一点点的时间询问自己：你到底想要什么？在你之后的人生中，什么才是真正需要的？时间久了，孩子自然就能够主动放弃那些不实际、虚无飘渺的东西，而开始脚踏实地地奔着一个方向去生活，也只有这样，他们的才能才能够发挥到极致。

要善于发现孩子的优势潜能

现实生活中有这样的情况：很多父母期望着自己的孩子能够成为无所不能的全才，所以给孩子报了很多兴趣班，钢琴、绘画、书法、武术等，可是得到的大部分结果就是一事无成，孩子赔掉了自己的童年，父母赔掉了自己的时间和金钱，最后落得相互抱怨。

墨菲定律中说："所有的父母不惜一切代价，希望孩子能够成为世上最全能的那个人，而全然不管孩子愿意不愿意。"其实，这一切都源于父母对"优势潜能"的忽略。20世纪初期，心理学家开始关注于人类的优势潜能，我们每个人的身上都有它们的存在，需要我们用心去发掘、发现，然后再将其转化为可见的显能。而这种优势在孩子身上的体现也各自不同，我们找不出两片相同的叶子，同样也找不出两个相同的孩子，有的孩子擅长画画，却对书法一窍不通；有些孩子擅长数学，却对语文无比的厌倦……

所以，作为父母，要善于发现孩子的这种优势，并进行辅助性的强化，而非要将孩子培养成一个无所不能的人，最后落得两手空空。

诺贝尔化学奖获得者奥托·瓦拉赫，他的成功经历便非常有趣。中学时期，瓦拉赫的父母给他选择了一条文学之路，希望他将来可以成为文学家。一个学期之后，瓦拉赫的老师对他的父母说："瓦拉赫是个很用功的孩子，但他的写作风格过于拘泥，即便他个人的品格再高，却也难以创作出让人惊艳的文学巨作。"

于是，父母征求了他的意见后，让他改学油画。只是，瓦拉赫的油画成绩也不理想，他既不擅长构图，也不善于润色，无法理解绘画之于艺术的意义，绘画成绩在班级排列倒数第一。老师评价他为："绘画史上的不可造就之才。"

瓦拉赫的父母也万分焦急，这时，瓦拉赫的化学老师对他们说："瓦拉赫做事情一丝不苟，非常仔细，应该会在化学领域有所发展。"于是，父母遵照老师的提议，给瓦拉赫报了化学班。结果一发不可收拾，瓦拉赫的化学特长彻底被激发出来，成了化学领域中的公认高才，并最终获得了诺贝尔化学奖。

案例中的瓦拉赫，最初父母并没有发现他的优势所在，而是很盲目地给他报了文学班、绘画班，而都没有得到理想的效果。最后在化学老师的建议下，瓦拉赫的化学天分才被挖掘出来，并最终成了一名优秀的化学家。

瓦拉赫前期的经历在家庭教育中也非常常见。孩子擅长写作，却不擅长数学，父母的眼光便往往会集中在孩子的缺点上，努力给孩子补数学课、做

墨菲定律启悟

父母应该将心血花在该花的地方，让孩子经历该经历的过程。

数学题，放大了孩子的劣势，却忽略了对孩子优势的强化，最后致使劣势没有提高，优势也在逐渐下降。

所以，在培养孩子才能的时候，父母应该将目光放在孩子的优势潜能上，而非是劣势。有目的地引导孩子的优势潜能，才能够成就成功。

1. 人无完人，不要用自己的理想去衡量孩子

墨菲定律中说："全才，只存在于人们的想象中。"实际上，世界上不存在任何一个人，能够在所有的事情上都表现完美，符合人类"理想标准"的。父母在教子过程中，自然也不可以用自己的理想标准去衡量孩子，更不可过分苛刻地要求孩子成为你理想中的样子。

2. 强化孩子的优势，不要企图让他无所不能

父母要善于发掘孩子的优势所在，孩子擅长写作，父母就应该着重培养他写作的能力；孩子擅长绘画，父母就应该给孩子创造一个绘画的环境。在此过程中，孩子也会因为得到了父母的鼓励和支持，而使得自身优势进一步发挥出来，最终成为一个有用之才。

不值得做的事情，就不值得做好

有这么一条墨菲定律："不值得去做的事情，就不值得去做好。"这也是人们普遍的一种心理状态：内心认定不值得做的事情，他们便会用敷衍的态度去面对它。即便是得到了成功的结果，却也无法给人带来成就感。同样，如若父母给孩子选择了一个才能培养的目标方向，可这个方向却不是孩子所想要的，那么他们也会以不积极的态度去对待这件事情，最终也无法取得父母所期望的结果。

只是，在教子过程中，孩子和父母心中对于"值得的事情"都有自己的一套标准，孩子在轻重缓急的事情面前，有自己的一套排列方法。但孩子的心理毕竟发展不成熟，一些事物的选择和确定，还需要父母的从旁指导和帮助，让孩子做一些符合他们本身气质和价值观念的事情。不仅可以从中培养孩子这方面的才能，而且也能够达到父母心中的期望值。

约翰·戈达德是 20 世纪著名的探险家。他的成就就来源于一张破旧的世界地图。

约翰自小好奇心就比较强，对于什么事物都想要一探究竟，想要去环游世界，但却没有一个目标，不知道如何实现。而就在他八岁那年，他的爷爷将一张破旧的世界地图送给了他，并对他说："你可以根据这张世界地图，写下你认为值得做的事情，值得去完成的愿望。"

15 岁的时候，约翰写了一本自勉书——《一生的志愿》：想要去尼罗河、亚马孙河、刚果河探险；想要骑骆驼、大象和野马；想要读完所有的著作；想要写书；想要谱曲；想要做慈善；想要拥有专利……等，共 127 个愿望。

40 年之后，约翰的这些愿望已经完成了 106 个。

在很多人看来，冒险是一件很不值得去做的事情，可是在约翰眼中，冒险却成了最值得去做的事情。而当他的爷爷了解到这个想法后，并没有多加阻拦，而是送给了他一份世界地图，将整个世界送到他的眼下，希望他能够明确值得自己去做的事情。而在这张地图的指引下，约翰列出了 127 个愿望，并用毕生的时间去实现它，最终既实现了自己的梦想，也成就了家人对他的期待，取得了人生的巨大成功。

那么，基于孩子的基础上，父母该如何引导孩子判断，什么样的事情是"值得做的事情"，什么样的事情是"不值得做的事情"呢？

1. 帮助孩子了解"不值得"与"值得"的界定

"值得"与"不值得"的意义，每个人对其都有不同的界定。所以，找寻一个适合于孩子的界定，是父母培养孩子才能的关键所在。有些孩子想要当舞蹈家，那么跳舞就是值得做的事情；有些孩子想要当政治家，那么看时事就成了值得做的事情；有些孩子想要当作家，那么写文章就是值得做的事情。父母根据孩子的理想抱负，来帮助孩子界定此件事情。

2. 丰富孩子的阅历，增加辨识能力

孩子的辨识能力低下，无法很好地辨别两者。所以，父母要帮助孩子不断扩大阅历面，不断让孩子补充新的知识和认知，有利于孩子辨识能力的提高，能够帮助孩子分辨出值得做与不值得做的事情。

3. 在无法分辨的时候，让孩子学会换位思考，多听取他人的意见

墨菲定律中说："人们非常清楚他人的事情，却总在自己的事情上犯糊涂。"父母应该培养孩子换位思考的能力，当无法看清是非曲直，无法做出合理的取舍时，就要跳出思维的圈子，以旁观者的角度看待问题，或许问题就可以迎刃而解。

墨菲定律启悟

那些目标不明确的人总将很大的精力花费在不值得做的事情上，却对值得做的事情不知道努力。

模仿成功者的孩子，更容易成功

美国潜能激励大师安东尼·罗宾斯说："在我看来，模仿是走向成功的捷径，当看到身边的每个人都在做着你艳羡的事情时，只要你付出时间和努力，你也可以做出相同的结果，得到相同的回报。"所以，要想成功，请用一种方式去模仿那些成功的人，就能够如愿。

你看了什么样的书，和什么样的人在一起，便决定了你将来会成为什么样的人。模仿，在孩子的学习过程中，发挥着不可估量的作用。心理学研究发现，每一个优秀的学生，在他们学习成长的过程中，都有一个不定时期的模仿榜样，这个榜样激励他们努力学习，诱

发了孩子的求知欲。所以，适度地让孩子模仿成功者，也有助于孩子的成功。

安东尼·罗宾斯是美国著名的心理学家、潜能激励大师，他曾经和美国陆军签署过一份协议，以帮助陆军进行射击训练。

首先，安东尼找来了两个神枪手，和这一批陆军一起训练，并且找出了神枪手和普通陆军心理以及生理上的差异，并制定了一套正确的训练方法，让陆军学员模仿学习。其次，安东尼在此基础上，对陆军学员进行了一天半的训练，最后所有参加训练的人员都及格，而达到优秀标准的人数更是之前的三倍。

安东尼向世人展现了模仿成功者的力量，这也是射击史上的一个奇迹。

墨菲定律中说："人们往往嘲笑复制品，但他们不知道的是，正是这些善于模仿的'复制品'，而最终成为能够撼动和改变世界的人。"所以，作为父母，应该为孩子有选择性地挑选一些模仿对象为目标，并引导他们进行模仿。

1. 名人模仿效应：模仿成功者的精神，学习成功者的经验

父母可以陪着孩子阅读名人故事、传记，带孩子听名人讲座等，帮助孩子总结成功者的经验，学习成功者的精神。而从心理学角度来说，模仿成功者的精神分为三种形式的心理、生理活动：模仿成功者的信念、模仿成功者的思想、模仿成功者的生理状态。这三个方面的模仿，就能够让模仿者得到与成功者类似的结果。

2. 周边人效应：为了孩子的成功去选择朋友

和优秀的人在一起，你也能够成为优秀的人。在帮助孩子择友的时候，父母就应该选择一些能够给孩子带来积极向上正能量的朋友。比如爱好学习等，让孩子模仿比自己优秀的同龄人、身边人，这样就给孩子形成了一个潜移默化的教育氛围，激发孩子的求知欲，让孩子自己学习。

3.父母榜样：孩子模仿最多的身边人就是父母

墨菲定律中说："当孩子出现不好的行为时，这种行为往往在父母身上也能找到。"

父母之于孩子，都是形象高大而又值得信赖的人。父母做不好榜样，将对孩子的一生造成很大的不良影响。所以父母在教育孩子的过程中，也应当注意自我教育，提升自己，给孩子树立一个好的榜样，形成教育的良性循环，和孩子一同成长。

★测试：测测孩子的智力如何

根据问题，选出答案。（注，此题针对 11 岁以上及成年人）

1.下列选项中，和其他选项不同的有（　　　）

　　A. 蛇　　　　　　B. 大树　　　　　　C. 老虎

2.选出不同类的一项（　　　）

　　A.3/5　　　　　B.3/7　　　　　　C.3/9

3.男孩和男子，女孩和（　　　）

　　A. 青年　　　B. 孩子　　　C. 夫人　　　D. 姑娘　　　E. 妇女

4.笔等于写字，书等于（　　　）

　　A. 娱乐　　　B. 阅读　　　C. 文化　　　D. 解除疲劳

5.马对马厩，人对（　　　）

A. 牛棚　　B. 马车　　C. 房屋　　D. 农场　　E. 楼房

6. 2、8、14、20、（　　），写出（　　）里面的数字。

7. 生活、鱼、在、水里，可以不可以组成一个句子（　　）

　　A. 可以　　　　　B. 不可以

8. 球棒、用来、的、打、棒球、是，可不可以组成一个句子（　　）

　　A. 可以　　　　　B. 不可以

9. 动物学家对应社会学家，动物对应（　　）

　　A. 人类　　　　B. 问题　　　　C. 社会　　　　D. 社会学

10. 女士们都有大衣，那么漂亮的女士会有（　　）

　　A. 更多大衣　　B. 时尚的大衣　　C. 大衣　　D. 昂贵的大衣

11. 1、3、2、4、6、5、7、（　　），写出（　　）里面的数字。

12. 南对应西北，西对应（　　）

　　A. 西北　　　　B. 东北　　　　C. 西南　　　　D. 东南

13. 不同类的一项（　　）

　　A. 铁锅　　　　B. 小勺　　　　C. 米饭　　　　D. 碟子

14. 9、7、8、6、7、5、（　　），写出（　　）里面的数字。

15. 找出不同的一项（　　）

　　A. 写字台　　　B. 沙发　　　　C. 电视　　　　D. 桌布

16. 961、（25）、432；932（　　）731，写出（　　）里面的数字。

17. "XOOOOXXOOOXXX"，适合放在后面的是（　　）

　　A. XOO　　　　B. OO　　　　C. OOX　　　　D. OXX

18. （　　）苗助长（　　）

　　A. 揠　　　　　B. 堰　　　　C. 偃

19. 填充空缺词

金黄的头发（黄山）刀山火海

赞美人生（   ）卫国战争

20. 下列不同的一项有（   ）

    A. 地板   B. 壁橱   C. 窗户   D. 窗帘

21. 1、8、27、（   ），写出（   ）里面的数字。

22. 填词

    罄竹难书（书法）无法无天

    作奸犯科（   ）教学相长

23. 填一个字，使其前后都能够组成词语

    款（   ）样

24. 16（96）12，10（   ）7.5，写出（   ）里面的数字。

25. 选出不同的一类（   ）

    A. 斑马   B. 赛马   C. 军马   D. 骏马   E. 驸马

26. 填上一个字，使其前后都能够组成一个词

    祭（   ）定

27. 填一个字，使其有前一词的意思，又能够和后一词组成词语

    头部（   ）震荡

28. 65、37、17、（   ），写出（   ）里面的数字。

29. 41（28）27；83（   ）65，写出（   ）里面的数字。

30. CFI、DHL、EJ（   ），写出（   ）里面的字母。

答案参考：

1. B	6. 26
2. C	7. A
3. E	8. A
4. B	9. A
5. C	10. C

11. 9   21. 64

12. B   22. 科学

13. C   23. 式

14. 6   24. 60

15. D   25. E

16. 38   26. 奠

17. B   27. 脑

18. A   28. 5

19. 美国   29. 36

20. D   30. O

测试结果：

答对一题得五分。

依据《斯坦福－比奈智力量表》判定：

140分以上：为极高人才。

120～140分：为才智比较高的人才。

110～120分：为高才能。

90～110分：为正常。

80～90分：次正常。

70～80分：临正常。

60～70分：轻度弱智。

50～60分：重度弱智。

25～60分：轻微白痴。

25分以下：白痴。

Part 9

社交能力中的墨菲定律：
智商是硬件，情商是软件

　　社交，顾名思义就是人们所进行的社会交往活动。而在此活动过程中，人们所表现出来的心理变化和思维惯性，便是社交心理学。在现代社会，人际交往过程中的心理健康程度也决定着这个人的身心健康程度，体现了一个人的能力和素养。由此可见，培养孩子的社交能力，是教子中一项重要的任务，值得父母的关注。

孩子通常将儿童文学中的事物当作现实来感知

1995 年，美国哈佛大学心理学教授、《纽约时报》专栏作家丹尼尔·高曼在查阅了大量相关理论和实验报告的基础上，编写出《情感智慧》一书。在高曼看来，智商在促使人成功的要素中固然重要，但是情商的作用却更为重要。情商是一个人生存能力的体现，它在人类生活中的方方面面都起到了关键性的作用。

而从培养孩子情商的角度来说，儿童文学又占有不可替代的位置。儿童文学主要作用于孩子的心灵成长，而非孩子的知识增长，是和孩子的思维能力、社交能力紧密联系在一起的，是属于情感的艺术，是对孩子"情商培育"的主要方式，对孩子日后的发展起着很重要的作用。

1. 儿童文学可以让孩子感知快乐

罗素曾说："那些认为生活比较快乐的人，他们自己欢喜的同时，也感染着他人的欢喜。"欢喜是人情感心理的一种，心理上的欢喜能够赶走身体上的不适，所以墨菲定律中说："一个整日欢喜的人，是永远不会有烦恼可言的。"而在孩童时期，他们感知外物的能力还比较弱，一些优秀的儿童文学信息传递到他们的大脑中时，会刺激他们的心理兴奋点，让他们感到愉悦，进而向外界展现出一种比较积极的情绪，能够吸引住他人的眼光。

2. 儿童文学可以让孩子更快地融入社会生活

人属于群居动物，所以人际关系也就显得尤为重要了。这就需要父母从小培养孩子的交际能力，让他们学着去适应集体生活，适应社会生活。优秀的儿童文学能够从多个方面培养孩子优良的心理状态，使孩子能够感知到外界的平静和安宁，让孩子更快地融入这个世界。

由此来看，儿童文学给孩子带来了很大的影响。不过，孩子的辨别能力比较差，他们在阅读儿童文学的同时，还需要父母的精心引导，以此来还孩子一片纯净的儿童世界。苏霍姆林斯基说："一个人幼时读过什么样的书，他的心里就会留下什么样的痕迹。这点痕迹，便决定着他们日后的待人态度，决定着对生活的态度。"

那么，作为父母，又该如何帮助孩子选择儿童文学呢？

一要从主题着手。孩子的成长过程，也是他们的心理发展过程。不同时期，孩子的自我理解能力和道德标准也有所不同。所以父母在挑选儿童文学的时候，也应该考虑到孩子的心理发展：对于幼儿时期，尽可能地选择一些通俗易懂、明朗、积极向上的作品；少年时期，属于向成年人过渡的阶段，也是心理学上的"危险期"，父母应该多选择一些具有引导性的作品等。

二要从题材筛选入手。孩子认知社会的经验有限，父母也应根据孩子的不同年龄段来选择不同的儿童文学的题材：幼儿时期，是认识世界的初级阶段，此时的书籍内容应以幼儿的生活为主；儿童时期的认知能力和理解能力都有了一定程度的发展，父母就可以为孩子选择一些写作手法运用比较多的书籍。

三要考虑接受能力。幼儿时期的接受能力比较差，所以父母可以选择一些趣味性比较强的读物，来培养孩子的兴趣；而到了童年时期，他们的求知欲开始增强，对外界的探索欲望也比较大，他们开始想要了解社会，想要得到外界的承认和尊重，父母可以为他们选择一些类似于社会实践的书籍。

四要重视对文学语言的选择。幼儿时期的语言能力比较差，可以为他们选择一些比较口语化、重复性的文学作品；到了儿童时期，他们有了一定程度的理解能力，有了一定的词汇量，这时父母可以给他们选择一些语言生动、趣味性比较强的作品。

人们总容易原谅自己，却忽略了原谅别人

宽容，是调整心理的一个很重要的方面，孩子学会了宽容，不但可以调剂社交生活，还能够预防不健康心理的产生。心理学家说："学会了宽容，就学会了一种从不健康心理中的自我救赎方式。"

哈佛大学商学院曾经研究过非智力因素对于人们成功的影响，而在这些非智力因素中，宽容的价值被重点突出来，并认为宽容是成功人士的必备素质。墨菲定律中说："不懂得宽容别人的人，也不会得到别人的宽容。"而父母作为家庭教育中的重要引路人，他们既能够将孩子培养成宽容的人，也能够将孩子培养成狭隘的人。而从孩子之后的幸福出发，让孩子拥抱宽容，就等于拥抱了未来的成功之路。

2012 年，诺贝尔文学奖获得者莫言，在瑞典学院发表了获奖感言。在他的演讲中，有这么一个惹人注意的小故事：

莫言小的时候，曾经跟着母亲去集体的地里拾麦穗，遇到了麦田的看守人。莫言的母亲是小脚，没跑多远便被抓住了。那个麦田的看护人狠狠打了他母亲一巴掌，并没收了他们捡到的麦穗，吹着口哨扬长而去。

莫言的母亲嘴角被打得流出了血，脸上流露出来的绝望让莫言永生难忘。

多年之后，莫言再次和那个麦田看护人相遇，原先高大威猛的守护人已然成了一位耄耋老人。莫言又想起了往日的痛苦，想着要为母亲出了那口恶气。可旁边的母亲却及时制止了他，并说："这个老人，和打我的那个壮年，并不是一个人。"

从上述故事中不难看出，莫言的母亲是一个极其宽容的人。她及时制止了莫言的复仇，并以此让他学着宽容。

从心理学角度来看，孩子的宽容主要在于懂得原谅他人的过错。孩子学会了宽容，就能够使仇恨的心理得到相应的减少，并因此受到他人的喜爱，能够和谐人际关系。所以，父母一定要注意对孩子宽容心的培养。

1. 父母宽容，孩子才会宽容

父母是孩子的第一任老师，也是孩子重点效仿的对象。墨菲定律认为不懂得宽容的父母，也绝对不会培养出宽容的孩子。在家庭生活中，孩子最初的待人接物的方式，都是从父母那里学习而来的。父母宽容，不斤斤计较，那么孩子也会效仿父母的方式，处理和同伴之间的不和谐因素，也会变得宽容起来。

2. 换位思考很重要

心理学中有一个名词为"心理换位"，就是要让人们学会站在他人的角度去看待问题。当孩子和同伴出现不愉快时，父母可以引导孩子站在同伴的角度去思考这个问题。这样一来，孩子就能够理解同伴的做法，并会消除二人之间的间隙。

3. 让孩子多和玩伴交往

宽容，是在与人交往的过程中培养出来的。在此过程中，孩子才会懂得"人无完人"的道理，才会发现"只有学会原谅别人的错误，才能够得到友谊"的道理，才能够真正理解宽容的意义。父母可以做适当性的引导，比如：让孩子说出玩伴的优点，主动帮助有困难的孩子等。

4. 让孩子接受新事物

宽容之心不仅仅体现在与人相处上，还体现在对事对物上。父母要多带孩子认识新事物，并引导孩子接受新事物，接受突如其来的变化，并且培养孩子随机应变的能力。当孩子能够接纳新事物的时候，他的宽容之心也就已经具备了。

> **墨菲定律启悟**
>
> 心胸狭隘，让原本可以成为朋友的人，变成了敌人。

越是软弱无力的孩子，越喜欢单枪匹马

在未来社会，孩子将会面临更具有挑战、更具有竞争的环境，而要想在这种环境下生活，孩子就必须有与人合作的意识，要学会和他人配合，学会合理分工，学会协商解决等，只有这样才能够保证孩子在未来正常进行社会活动。

心理学认为，合作就是两个或者是两个以上的群体，为了完成一个共同的目标，而达成的一种心理共识。合作在社会生活中的作用非常大，它对个人融入团体生活的影响是不可忽视的。墨菲定律中说："喜欢单枪匹马的孩子，看似强大，其实是最软弱无力的。"可以这么说，没有合作意识的孩子，在社会上便没有立足之地。

有这么一个寓言故事：

一个善人死后进入天堂，正值人们开饭。他发现，天堂的每一个人都拿着一双非常长的筷子，坐在一锅面条面前。这个人很困惑，这么长的筷子，该如何去吃饭呢？不一会儿，他的疑惑便解开了：他们从锅中夹起面条之后，喂给他人吃，以"相互喂"的方式进食。这样一来，每个人都可以吃到面了。

这个人又来到了地狱。地狱里面的人也都拿着一双长筷子，尺寸和天堂的一样，吃的也是面条。而他们却没有了天堂人的合作意识，各自努力想要把筷子上的面条送到自己的嘴边，但都因为筷子太长而失败。他们愤怒着、抱怨着……最后，谁也没有吃到一根面条。

上述寓言故事就很好地说明了合作的力量：天堂里面的人，懂得与人合作，所以最后吃上了面条；地狱里的人却因为没有合作意识，吃饭时只想到了自己，而最终没能吃到面条。由此可见，合作意识的重要性。

欧洲心理分析专家阿德勒说："如若一个孩子没有合作意识，那么他将逐渐走入孤僻的境地，并且会产生很强烈的自卑感，对他的一生也会带来极其不利的影响。"所以，从小培养孩子的合作意识是非常必要、重要的。

1. 培养合作意识，就要有合作机会

要想培养孩子的合作意识，父母可以为孩子创造一些合作的机会。比如玩积木、接力比赛等，都是需要合作的游戏。多给孩子创造类似的机会，就有利于孩子合作意识的养成。

2. 有了合作机会，就要教会孩子合作方法

当孩子有了合作机会后，父母应该再教授给孩子一些合作方法。比如，搭积木的时候，可以让孩子和合作人对于积木形状、颜色搭配等进行商议；合作过程中，合作方产生矛盾的时候，父母要在一旁进行指引；合作方遇到困难的时候，父母暗示孩子要给予合作方一定的帮助等。

3. 合作之后，要让孩子有成就感

成就感会给孩子带来心理上的满足，有了成就感，他们才会从心底认同这样的合作模式，并能够逐渐摆脱自我意识，养成合作的好习惯。比如，当孩子完成一项很好的合作时，父母及时给予鼓励等，这样的积极行动会给孩子的心理带来积极的效果，让之后的合作行为变得自主化、自觉化。

4. 合作应该要有规则

规则在少儿合作过程中的意义非凡，是孩子们合作过程中的重要依据。孩子们只有遵守这个规则，才能够完美地完成整个合作过程。比如，老鹰抓小鸡的游戏，只有听到"开始"的口令时，老鹰和小鸡才能够进入游戏状态，如若老鹰在小鸡还没有列队整理好的情况下，突然攻击，那么老鹰就违反了其中的规则。这样的训练，可以让孩子们认识到规则的重要性，有利于他们在之后的合作过程中，养成遵守规则的好习惯。

不尊重别人的孩子，会给自己惹来麻烦

美国心理学之父威廉·詹姆士曾经说过："在人们内心深处，潜藏最深层次的动力，就是人们迫切想要被人尊重的欲望。"尊重，是个人的心理需求，也是人际关系正常交往的前提。如若在和人交往的过程中，不懂得尊重别人，那么毫无疑问，将会引来一场战争。尊重别人，是孩子适应人际交往生活的必备品质，只有尊重了别人，才有可能得到他人的尊重。所以，父母在其中的引导显得尤为重要。

美国流传着这样一个故事：

有一天，美国亚联集团总部大厦的花园里迎来了一对母子。这位母亲坐在花园的长椅上，怒气冲冲地正在对儿子说些什么。小男孩被母亲训斥得低声哭泣，这位母亲一边拿出纸巾帮小男孩擦泪，一边继续训斥，并将用过的纸巾随手扔在了地上。

不远处，一位清洁工打扮的老人走了过来，将这片纸巾捡起来扔到了垃圾桶里。

母亲不停地训斥，小男孩不停地哭泣，纸巾不停地被丢在地上，老人不停地过去捡……就这样，来回了六七次。

这时，这位母亲突然指着老人对男孩说："你看看，如若你不好好学习，将来就会变得和他一样，做着低贱、肮脏的工作。"老人听到后，对女人说："女士，这里是亚联集团的花园，只允许内部员工进入。"

这位女士理直气壮地说："我是集团下属公司的一个部门经理。"说完，还把自己的名片丢在老人的脚下。老人捡起名片并扔到了垃圾桶，并打电话叫来了一个男人。这个男人是亚联集团下属公司的总监。

男人恭恭敬敬地站在老人面前："请问，您有什么吩咐？"老人说："我认为这位女士并不适合在亚联集团工作。"男人连连称是。老人走之前，温和地对那个小男孩说："孩子，你应该记住，人不仅要努力学习，更为重要的是要学会尊重别人，尊重你遇到的每一个人。"

后来，这位女士才知道，一直被她看不起的老人，就是亚联集团的总裁。

事例中的母亲，不仅没有教育孩子要尊重他人，而且还给孩子做了一个极其恶劣的示范。最后，这位母亲的行为让她丢掉了一份体面的工作，给自己的事业带来了一个大麻烦，也为自己的行为买了单。

墨菲定律中说："你如何对待他人，你也将会被他人如何对待。"在人际交往过程中，尊重并不是单方面的行为，而是相互的。尊重别人是一种健康的心理态度，是人们适应现代生活的重要品质。所以，培养孩子尊重别人的良好品质，是教子过程中刻不容缓的事情。

1. 学会倾听，是学习尊重的开始

很多父母都发现孩子有这样的坏习惯：当别人说话的时候，他总是很随意地打断别人的话。这是很不礼貌的行为。所以，要想让孩子学会尊重

墨菲定律启悟

当你尊重别人的时候，就是别人尊重你的时候。

他人，首要任务就是学会聆听他人的需要。比如，可以让孩子多听听录音，多练习和他人平等地交流等。

2. 尊重他人的劳动成果

任何的劳动成果都应该得到人们的基本尊重。尊重别人的劳动成果，不仅仅是人际交往的需要，也是一个人的基本文明素养。教育孩子珍惜别人的劳动成果，让孩子明白这一成果的来之不易。比如，父母打扫完卫生，就应该告诉孩子要保持干净；让孩子做一些力所能及的劳动等。

3. 当孩子出现不尊重的言行举止时，父母要及时纠正

在日常交际生活中，父母一定要教会孩子用尊重的语气和人说话，多使用"请""麻烦""谢谢"等字眼。当父母发现孩子出现了不尊重他

人的言行举止时，一定要及时纠正，并告诉他尊重人的道理，也可以适当使用一些惩罚手段。比如：孩子今天做了很不尊重人的事情，父母便可以以此为理由，不让孩子看动画片等。另外，父母还需要注意自己的言行举止，不要给孩子"不尊重"的借口。

分享的孩子会得到更多的快乐

近年研究表明，随着孩子年龄的增长，孩子的分享行为也会随之发展。不过，因为一些外界原因，孩子的分享行为并不乐观：虽然一些孩子具备一定的分享能力，但是大部分的孩子出于独占心理，他们对于感觉（看、听、触等）上的分享往往大于实质性（糖果、玩具等）的分享。

孩子产生独占心理的原因有三个方面：

一是父母的教育。"你的""给你买的"等，父母经常以这样的字眼和孩子对话，就很容易让孩子养成独占心理，他们会将从这些字眼带出的东西看作是自己所有的，比如给你买的玩具，给你买的零食等，而不愿再和他人分享。

二是父母日常生活中不当的行为。在日常生活中，父母的行为对孩子的影响巨大。有些父母过于强调家庭规则，并将个人物品区分得很严格，甚至不允许自己的孩子私自触碰他人的东西。这样一来，孩子对物品的占有欲就会被强化。

分享意识在社交活动中也有着不可或缺的位置。有分享意识的孩子，能够更好地适应社交生活，而没有分享意识的孩子，就很容易走进社交活动的死角，无法适应社交生活。所以，父母一定要培养孩子的分享意识，戒掉孩子的独占心理。

不过，在培养孩子分享意识之前，父母一定要先了解孩子的思维发展程度以及特点。孩子两岁之前，他们的自我意识比较差，几乎没有外界与自我的分辨能力。而孩子到了两岁之后，他们的思维活动就开始向较高级发展，开始有了自我意识，开始有了对外物的"占有欲"。由此可见，孩子两岁之后，父母就要注重分享意识的培养了。

1. 让孩子懂得"所有权"

孩子两岁之后，对"我的"便有了一定的意识，这个也是他们的特点之一。不过父母要明白的是，孩子的这种行为并不代表着自私，只是他们不明白"所有权"的概念罢了。所以父母要注意给孩子灌输"所有权"的概念，比如："你已经玩了很长时间的球了，该妹妹了""妹妹不玩了，你可以接着玩"等，这样可以让孩子知道：妹妹也需要玩球；属于自己的球最终还会回到自己手里。

2. 不要强迫孩子分享

墨菲定律中说："分享，并不是父母强迫孩子分享所有的东西。"有些父母，当家中有小朋友的时候，会强制自己的孩子将玩具分享给同伴。其实，父母的这种做法是有失分寸的。孩子的玩具在大人眼中就是玩具，但在孩子的眼中或还有其他的意义。父母应该尊重孩子的个人意识，当得知有小朋友来家玩的时候，可以事先和孩子商量，有哪些东西是愿意和小朋友分享的，又有哪些东西是不愿意和别人分享的，给孩子的心理保留一些空间。

3. 父母以身作则，懂得"分享示范"

美国儿童关爱与教育组织专家劳拉·奥尔森说："言传身教，对孩子的影响巨大。"所以，在日常家庭生活中，父母要注意给孩子做好"分享示范"。比如，父母在吃东西的时候，可以询问孩子："你要尝一下吗？"等，让孩子注意到父母的分享行为，他们也会学会分享。

4. 角色互换，让孩子体会被拒绝的滋味

孩子如若对分享抱有很大敌意的时候，父母就可以采用"角色互换"的原则，让孩子尝尝被拒绝的滋味。比如，父母扮演孩子的角色，孩子扮演同伴，孩子伸手给父母要玩具的时候，父母可以回答"不"。孩子体会到了被拒绝的滋味后，父母还要及时地加以引导，并使他明白：只有分享，才能够让所有人都开心。

总而言之，会分享的孩子就会得到更多的朋友，而他的社交能力在此过程中也会有所提升，能更容易地融入之后的社会生活。

孩子身边的朋友往往代表着孩子本身

墨菲定律中说："好习惯需要漫长的时间去培养，而坏习惯却无需任何努力就能够沾染上。"交友是孩子与生俱来的天性，随着孩子年龄的不断增长，朋友关系在他生活中所占的比例也越来越大。中国有句古

话为"近朱者赤，近墨者黑"，对待孩子的朋友，父母万不可大意，更不可放任不管，以免使得孩子沾染上各种恶习。

卡尔·威特是 19 世纪德国著名的天才。他八九岁的时候就掌握了六国语言，并且擅长数学、物理学、植物学等，9 岁进入莱比锡大学，10 岁进入哥廷根大学，14 岁获得哲学博士学位，16 岁得到法学博士学位，并成了柏林大学的法学教授。

卡尔很小的时候，有两个比较要好的女生朋友。这两个女孩能歌善舞，受过良好的教育，卡尔和她们相处得很愉快。但是，令卡尔父亲没有想到的是，自从卡尔和这两个女孩成为朋友后，卡尔变得任性起来，开始说一些低俗的语言，开始撒谎、傲慢和自以为是。

对此，卡尔的父亲暗中观察了卡尔和朋友玩耍的过程，发现：卡尔在和两个女孩子玩耍的过程中，两个女孩子是无限地顺着他，并且还会带着其他的朋友一起玩耍。而正是这些"其他的朋友"让卡尔学会了低俗的语言，也正是这两个"无限顺从的女孩"让卡尔学会了任性。于是卡尔的父亲最终决定，让卡尔结束和这两个女孩的玩伴关系。而且在卡尔之后的交友过程中，卡尔的父亲会全程监督，出现不好的苗头时，卡尔的父亲会进行适当的限制和管理。

在上述案例中，卡尔的父亲察觉到卡尔出现不好的行为习惯时，及时地找到了其中原因，并进行了限制和处理。最终致使卡尔并没有沾染上各种恶习。当然，限制孩子与其他人的交往，并非是禁止和其他孩子的一切来往。

对于孩子来说，他们的心理发展程度远低于成人，他们没有很好的辨别能力，也没有明确的自主选择能力，所以在这一时期，父母的有意识引导是极为重要的，父母应该帮助孩子筛选出合格的朋友，让孩子在父母的监督下进行社交活动。

那么作为父母，该如何引导孩子选择"美酒"般的朋友，而远离"污水"朋友呢？

1. 当孩子还小时，父母应该为他选择三两个固定好友

墨菲定律启悟

> 要想了解一个人，只需要了解他身边都是些怎样的朋友。

孩子两三岁的时候，就有了对朋友的需求。而这个时候，孩子对于朋友还没有一个清晰的概念，这就需要父母出手，帮助孩子选择两三个固定的朋友。比如，选择几个比较乖巧、听话的宝宝，并暗中观察他们有没有不好的行为举动，如若没有，便可以让他们成为宝宝的固定朋友。

2. 注重培养孩子的分辨能力

当孩子稍大一些后，就有了一定的辨别能力，但却非常薄弱，比如有些孩子可能会将打架看作是强大的象征，会把说谎话看作是聪明。所以这个时候，父母应该注意告诉孩子，哪些是正确的行为，哪些是错误的行为。孩子有了一定的辨别能力后，就会主动远离那些不好的人。

3. 让孩子自主选择交友对象，父母可以在一旁监督观察

在公共场合中，可以让孩子自己选择玩耍的对象，给予孩子自主择友的权力，但是这些都需要在父母的监督范围之内。事后，父母要对孩子今天玩伴的行为做出逐一的分析，并且可以让孩子参与进来，让他们知道是非对错，慢慢地建立自己的是非观念。

4. 对于坏朋友，父母要果断采取措施加以干涉

对于一些坏朋友，父母一定要及时出面干涉，并禁止他们的来往。其实，如若朋友只是有一些不良的小习惯，父母可以邀请他们到家里来，陪着他们一起做游戏，寓教于乐，帮助孩子们改掉坏习惯。

★测试：看看孩子的社交能力

给孩子准备一张纸、一支笔，让孩子在纸上画一个太阳，依据孩子画太阳的位置，来评判孩子的社交能力。

A. 太阳在纸的右上方　　　　B. 将太阳安排在山峦的后面

C. 太阳在正中央　　　　　　D. 太阳在左上方

测试结果：

A. 社交能力很强，魅力很大，是一个很乐观的孩子。不管遇到什么困难，都会勇往直前。不过，这样的孩子比较容易冲动，父母要注意培养他们"三思而后行"的习惯。

B. 社交能力良好，孩子性格比较温和，但缺乏安全感。

C. 社交能力不是很擅长。孩子性格比较孤傲，也比较自信，不太容易接受不同的声音。

D. 社交能力一般，是一个比较踏实的孩子。在社交场合中，属于倾听者。

Part 10

财富教育中的墨菲定律：财富不是人生的目的，却是人生的必要工具

随着社会科学的不断发展，财商教育逐渐闯入父母们的视线，并开始在教子过程中发挥举足轻重的作用，甚至在一些人看来，财商对于人们的重要性，已经超过了智商和情商。本章内容，主要从培养孩子的财商、金钱观念、理财技能等方面出发，挖掘孩子的理财潜能，并从不同角度解读孩子对财富的心理态度，伴以墨菲定律的辅佐，全面解释财商教育的内容，利于父母对孩子财商的培养。

孩子不认识金钱，却又对它无比的渴望

在金钱面前，孩子是最容易犯下错误的。这主要是因为孩子年幼，心中对于金钱并没有一个明确的概念，也没有养成成熟的金钱意识。墨菲定律中说："幼年的孩子并不认识金钱，却又对它无比的渴望。"著名教育家卡尔·威特也说："孩子不知道如何管理金钱，却对金钱有着很强烈的要求。"也正是孩子的这种心理状态，使得他们在金钱方面出现了种种错误，有些错误甚至会影响到他们之后的成长。

孩子们在金钱上总会犯有相同的错误：不懂得珍惜父母的钱；将钱仅仅看成能够购买自己心仪事物的工具；不懂得积累财富；花的钱超过拥有的；将花钱当作是个人享受的一部分……，孩子的这些表现，都是因为没有正确的金钱观的缘故。所以，父母想要培养孩子的财商，其首要任务就是要引导孩子正确认识金钱，培养正确的金钱观。

1. 培养孩子良好的诚信品质

卡尔·威特认为，孩子的诚信与否，关系到他以什么样的态度去面对和金钱有关的事物，并关乎到他会得到什么样的社会评价。如若孩子不讲诚信，那么金钱将会给他之后的生活带来巨大的麻烦，甚至最终酿成不可挽回的恶果。

2. 告诉孩子金钱的来源

儿童心理学家说："孩子对于金钱的渴望几乎是与生俱来的，所以让孩子正确地认识金钱，是培养孩子正确金钱观的前提。"想要让孩子正确认识金钱，就需要帮助孩子了解金钱的来源。

父母应该提醒孩子，金钱是用劳动换来的，比如，父母要告诉孩子，服务员、交警、清洁工等工作，都是劳动的一种形式，而金钱便是通过这种形式而来的，它是通过一定的社会付出所得到的金钱报酬。父母也可以让孩子了解自己的工作内容，并且让孩子参加一些带有"标价"的劳动等。

3. 让孩子意识到金钱的作用

金钱可以买到需要的日常用品，如衣服、鞋子等，也可以帮助他人，如捐赠给动物收容中心、捐给希望工程等。平日父母可以带孩子参加一些慈善活动，以此培养孩子积极的金钱观念。

4. 引导孩子合理消费，正确使用金钱

孩子大一点之后，对于金钱也开始有了一定的意识，而父母也开始给予孩子一定的零花钱。这个时候，父母一定要注意，给予孩子的零花钱并不代表着自家的经济基础，而是要让孩子在此基础上学习如何合理消费和管理金钱，这才是零花钱的主要作用。父母要引导孩子正确消费，告知他金钱应该花在最需要的地方，比如买书、买学习用品、捐赠、给长辈买礼物等。

5. 让孩子知道金钱不是万能的

俗语称："金钱不是万能的。"孩子刚刚有了金钱意识后，他们会不自觉地为物体标价。父母应该趁机告诉孩子，有些东西并不是金钱能够交换的，比如诚信，比如亲人，比如健康等，为了这些，都是可以放弃金钱的。

零花钱之于孩子是需要，之于父母是手段

"零花钱"一直是教子方面一个有争议的话题。一部分父母认为不该给孩子零花钱，理由是任何东西都由父母操办，没有给孩子零花钱的必要，而且小孩子的自控心理不成熟，有了零花钱，可能会将孩子引向不良的道路；另一部分支持零花钱的父母则认为：在父母的正确引导下，给予孩子适当的零花钱，有利于培养孩子正确的金钱观念。

美国太平洋心理学哲学博士说："孩子初时会认为'大自然都是免费的'，而到了一定年龄后，便开始有了'购买'的观念。"这个时候，父母就应该着重培养孩子正确的金钱观念，其中就包含如何正确给予和使用零花钱。

美国总统奥巴马有一对女儿，是年龄最小的白宫公主。而奥巴马和米歇尔曾经向媒体披露两位公主的日常生活，让很多艳羡这两位公主富贵生活的人，都感到不可思议。

虽然两位女儿是白宫的公主，但是奥巴马和米歇尔对于她们却并非宠溺有加。在他们家中，哭闹、争吵和淘气，是绝对禁止出现的，两位公主有自己的闹钟，她们要自己起床穿衣服、叠被子，而且还要做一些力所能及的家务。作为回报，每周奥巴马会支付给她们一美元，而这就是两位公主零花钱的主要来源。

墨菲定律中说："孩子不应该没有零花钱，但也不应该什么都没做便得到零花钱。"奥巴马的做法便是对零花钱的正确示范之一。与其说零花钱是孩子的必需品，不如说零花钱是父母教育孩子的手段之一。

孩子成长到一定年龄之后，有了一定的自理能力，零花钱就变成了一种客观的需要，他们需要通过零花钱的方式来支付自己日常的开销：零食、书籍等。这个时候，父母就一定要放手让孩子尝试着去支配一些零花钱，即便他们的支配行为并不符合父母的理想。

而为了让孩子树立正确的金钱观念，父母在给予孩子零花钱的时候，一定要注意以下几个方面：

1. 什么时候开始给孩子零花钱

心理学家研究表明，孩子五六岁的时候，对于金钱的认识已经有了一个模糊的概念。这个时候，父母可以适当地给予孩子一些零花钱，以渐渐让孩子了解金钱与购买之间的关系。注意，给孩子零花钱的时候，一定要注意定时定量，并引导孩子制订正向的用钱计划，如若孩子超支，那么父母也不得提前预支给他们。而且零花钱也应该随着孩子年龄的增长而适当地增长。

2. 用家务的方式换取零花钱

用做家务的方式让孩子赚取零花钱，有利于孩子更加认识金钱的来源，并培养"天下没有免费午餐"的意识，让孩子知道"所有的财富都是自己劳动所得"，比如：孩子收拾自己的房间、洗碗筷、洗车、扫地等。

3. 给孩子准备一个小账本

引导孩子记账，是让孩子管理零花钱的重要途径之一。让孩子记录下每次的花销，等到下一次零花钱发放时，父母可以陪着孩子一起检查零花钱的使用记录，并分析其中的合理、不合理的地方，以此慢慢让孩子认识到正确的金钱使用规则。注意，在此过程中，即便孩子有用钱不当的地方，父母也不可以情绪过于激动，更不可动手打骂，而是应该恰当地进行引导教育。

别家的孩子有，我们家的孩子不一定要有

理财的基础就是节俭。当孩子有了节俭意识的时候，他们的理财观念也在慢慢养成。

在日常生活中，几乎随处可以看到拿着 ipad、穿着名牌的小孩子，而大部分的小孩子的家境一般，只是因为父母的"我之前吃了太多苦，不能让孩子吃苦"的心理，在孩子身上有了太多不合理的消费，让孩子养成了不知节约的坏品质。

心理学家威廉·詹姆士说："撒播一个行动，便能够得到一种习惯；得到一种习惯，便可以养成一种性格；养成一种性格，便可以收获一种命运。"自小养成的习惯、品质，会影响孩子的一生。而孩子很小的时候，心理没有成熟，容易受到外界不良因素的影响，进而养成奢侈的坏习惯，走上攀比无度的道路。所以，为了养成孩子勤俭节约的好习惯，父母一定要尽早培养孩子的节俭意识。

李嘉诚在教子节俭方面，也有值得我们借鉴的地方：

　　李泽钜、李泽楷兄弟俩幼时的生活，和周围的同学比起来简直可以称之为"贫民窟"，可谓是实实在在践行了"别家孩子有的，自家孩子不一定要有，甚至是不要有"的原则。他们小的时候，从父亲那里得到零花钱的次数屈指可数。此外，他们还经常被父亲安排到各个场所去打工赚钱，让他们勤工俭学：做杂工、服务生。李泽楷每个周末还要去高尔夫球场当球童。另外，李嘉诚不仅要求孩子要勤工俭学，他自己也以身作则，凡事都严格要求自己。在他的生活中，一直奉行勤俭的原则，即便是现在，李嘉诚手腕上戴的，还是价值二十六美元的手表，西装一穿就是十多年。

　　两兄弟在父亲李嘉诚的榜样作用以及带领下，也养成了勤俭节约的好习惯：不浪费金钱，不奢侈，不攀比。由此可见，孩子的节俭意识要自幼培养。另外，父母在培养孩子节俭意识方面，也需要根据孩子的心理年龄特点，来分别制定方法：

1. 循循善诱

　　父母在充分了解孩子心理特点的基础上，对孩子进行引导教育。比如当孩子想要扔掉吃不完的面包时，父母要告知剩余面包的价值，并让他们了解面包生产的劳动过程，以此来让孩子正确检点自身行为，养成不浪费的好品质。

2. 以身作则

　　墨菲定律中说："孩子的奢侈无度，往往是大人的虚荣心作祟。"在现实生活中，很多父母都抱着这样的心态："别人家孩子能够有的东西，我的孩子也一定要有。"与其说，这是为了孩子好，不如说这是为了父母的虚荣心好。所以，要想改掉孩子不知节俭的坏品质，父母就必须先以身作则，养成节约的习惯，根据实际情况和实用价值，给孩子提供一定的物质基础，而不可任意攀比，让孩子养成坏的金钱观念。

3.劳动，是体验节俭金钱的较好方式

要想有节俭意识，就要了解金钱的来之不易。日常时候，父母可以带着孩子参加劳动工作，让孩子体验劳动成果，让孩子自觉养成金钱不易的心理，以此来养成节俭的习惯。

4.让孩子亲自体验节俭金钱的快乐

孩子五六岁的时候，父母可以适当地让孩子体验一下独立消费。父母可以给孩子一定的零花钱，并跟随孩子前去购物。当孩子选择了一种不合理的消费方式时，比如，孩子想要买五块钱一斤的苹果，而旁边恰恰有两块钱一斤的，除了色相差一点外，大小没什么差别。这时，父母就可以给孩子算一笔账。等孩子明白过来相同的水果，买两块钱的会为自己节省三块钱时，他就能够体验到节俭金钱的快乐。

5.旧物储纳箱

孩子对事物的新鲜感维持得比较短，所以父母可以为他准备一个旧物收纳箱，当孩子不喜欢一件物品的时候，可以暂时将这件物品放在收纳箱内，

墨菲定律启悟

> 别人家孩子有的东西，自家的孩子不一定要有。

之后孩子想要类似的物品时，可以再次利用。

培养孩子的财商，让孩子懂得适时放弃

在财商教育中，犹太人的教育方式可谓是首屈一指。而在犹太人财商教育课中，延后享受是培养孩子财商的核心内容。在中国传统教育观念中，孩子的主要任务是学习，金钱则被认为会影响孩子的学习。其实不然，幼时没有接受财商教育的孩子，长大之后，他们需要花费更多的时间去学习理财知识，否则就很难跟上时代发展的潮流。

犹太人所主张的延后享受的财商教育理念，指的是延期满足孩子内心的欲望，以此来追求孩子之后更大的发展。犹太人经常对孩子这样说："如若你非常爱玩，那么就请用你的劳动来赚取玩耍的自由时间，而这种自由时间是建立在你良好的教育和学业基础上的，有了这些基础，你便可以找到好的工作，找到好的

工作，就能够积累足够的资本，积累了足够的资本，那么你获得的自由时间就会越长，就能够支付起更昂贵的玩具。如若这些顺序你全部颠倒过来，那么这一系列的程序便不会正常工作。最后的结果是，你获得了极少的自由时间，并且购买了一系列容易坏掉而又廉价无比的玩具，你需要加倍努力地工作，并且只能赚取少量的财物，这一生你便都没有了快乐。"这便是犹太人对孩子延后享受教育的基本方式。

墨菲定律中说："想要拥有富人的心态，其首要前提就是要学会放弃。"犹太人的"延后享受教育"便是其中这典型的例

墨菲定律启悟

> 孩子现在的享受，是在消耗未来的幸福。

子。而不懂对孩子延后享受的教育，就很难培养出理想中的孩子，下面请看这么一个故事：

说起埃丁霍，或许没有多少人认识，但他的父亲却是无人不知、无人不晓的人物——"球王"贝利。

1970年，埃丁霍的出世引起了不小的轰动，人们盼望着在贝利的教导下，能够再出一个传奇球星。可是很遗憾，埃丁霍并没有朝着人们所期望的方向发展，他不仅球技平平，甚至还因为涉嫌贩毒被抓入监狱，令人惋惜。

贝利创造了难以企及的辉煌，而他的儿子却因为沉迷在享乐的世界中，而迷失了未来的方向。

埃丁霍出生的时候，贝利曾经说过："这个孩子永远不会成为球星，因为他无法经历球星们必经的艰难经历，在这个家庭中，他或许只懂得享受金钱。"

很显然，贝利的最后一句话并没有意识到对孩子"延后享受"的培养。埃丁霍虽然出身富贵，但是父母却也可以人为地进行干预，培养孩子"延后享受"的理念。心理学家认为，有延后享受理念的孩子，往往能够更为理性地对人生追求和资源进行合理的规划和安排，并且不会有太重的享乐主义观念，而这类孩子的幸福也会更为长久。

理财不是让孩子更富有，而是永远富有下去

在中国，绝大多数的父母还抱着"再苦不能苦孩子"的想法，费尽心思地满足孩子的一切物质需求，哪怕自己衣衫褴褛，也要让孩子锦衣玉食。这是一种很错误的教养方式，他们让孩子学会了用财，可是却没有学会如何理财。这样一来，在财商方面，孩子就会失去一种心理平衡，他们不懂得如何赚取钱财，更不懂得如何管理钱财。

墨菲定律中说："如若没有教给孩子理财的本事，即便父母再富有，他们的子女终将还是会挨饿。"

下面，我们看一看以下几个国家在理财观念上的教子方法：

英国：在英国，大多数的银行都为16岁之下的孩子开设了特殊的账户，而其中33%的孩子将自己的零花钱和打工所赚的费用，都定期存入储蓄银行等金融机构里。

日本：在日本，家庭教育受到很大的重视，他们主张孩子要自力更

生，不可以随意向他人借钱。在日本，有一句流传很广的名言："除了阳光和空气以外，其他的一切事物都需要通过劳动获得。"他们主张赚钱、花钱、存钱、分享等的理财观念，并让这种观念贯穿孩子的整个教育过程中，让孩子在具有理财观念的环境中成长，进而培养孩子的理财品质。

美国：在美国，孩子三岁的时候就要学习辨别硬币和纸币；四岁时开始识别硬币的价值，并开始培养购买选择意识；五岁的时候能够了解金钱的等价物；八岁需要打工赚钱；九岁制订自己的花钱计划；十岁开始有储蓄意识。此外，美国政府还将每年的四月份定为"青少年理财教育月"。这个月份，美国的各个金融机构，都会派出专业人士，前往各大学校进行理财教育，让孩子了解金融知识，培养他们的理财观念。

由此可见，我们在孩子理财观念上的培养上，和西方教育还有着一定的差距。这就要求父母一定要注重培养孩子的理财观念，不要让孩子做"最后饿死的富人"。

1. 要让孩子有理财观念，父母必须先要有理财观念

德国对此曾经做过一项调查研究，那些有理财观念的父母，更能够培养孩子的理财意识。父母的理财观念良好，那么子女成为百万富翁的机会将达到五分之一；而父母如若没有理财观念，那么子女成为百万富翁的概率只有五百分之一。由此可见，父母具有理财意识的作用非常巨大。

2. 带着孩子去购物，示范正确的消费方式

墨菲定律中说："一个人的财富多少，在于他的支出，而非是收入。"培养孩子的理财意识，就要让孩子理解"差价"的含义。父母可以不定期地带着孩子一起购物，并在购物过程中，让孩子对比物品的价格，让他们知道相同商品之间能够节省的消费数额，并明白"差价"也算得上一种收入。

3. 给孩子开个银行账户

储蓄是培养理财意识的基础方式。在孩子几岁的时候，父母可以给孩子开设一个储蓄账户，定期指引孩子储存零花钱，并让他看到储蓄账户上的金额变化，让孩子从心里体会到成就感，以此来养成储蓄的好习惯。孩子稍大一些后，父母还可以告诉孩子一些利息收入的概念。

4. 培养孩子的投资意识

墨菲定律中说："投资都会有风险，唯一不同的是其大小而已。"而在大多数父母眼中，投资几乎和高风险画上了等号，并且认为储蓄是最安全的理财方式，所以有将近一半的父母选择以储蓄的方式理财。

墨菲定律启悟

不要去购买奢侈品，昂贵的奢侈品并不能提高你的生活品质。

虽然储蓄是最安全的理财方式，却也是财富积累比较慢的方式。所以，当孩子有了一定的储蓄基础后，父母可以尝试帮助孩子选择一些理财产品，培养孩子的投资兴趣。当孩子对投资感兴趣后，他们便会关注投资方面的知识。值得注意的是，孩子十二三岁之后再培养投资意识比较合适。

不懂金融知识的孩子，也不懂得理财

日本秋田市有一家私立幼儿园，里面设置了一家"珊珊银行"，并专门针对孩子发行了一种"专用的货币"。这是为了让孩子学习金融知识而设立的。这家幼儿园每天都有固定的金融游戏课，孩子们可以拿着专用的货币在模拟银行柜台前面进行交易。

日本大阪也有一家学校，根据学生年龄的不同，来讲授"储蓄和消费""合法经营""信用卡使用"等问题。如，一年级的学生，主要学习储蓄和消费；三年级的学生主要学习合法经营；五年级的学生主要学习信用卡知识等。此外，学校还会定期向学生发放报刊，讲授金融投资理财的知识。

日本东京的一些证券交易所还专门针对孩子推出了一款"股票知识游戏软件"，孩子可以在这个软件上进行虚拟的股票交易，进而了解股票和经济知识。而他们的这种游戏软件教育方法，始于1995年。

到了21世纪初期，日本已有一千多所学校都推广了这款股票游戏软件，有六万多名学生已经初步掌握了有关股票的知识。在儿童"金融教育"版块上，除了日本外，在比利时也设置了专门的金融课程，让孩子了解经济知识，了解劳动报酬等。

墨菲定律认为没有受过金融教育的孩子，在他们眼中，金融危机就等于父母的小气。基于国内现下来说，对孩子进行一些金融教育，似乎还是一件非常新鲜的事情，但在一些西方发达国家，金融教育已经成了教子教育中不可或缺的一部分。从心理学角度来说，受过金融教育的孩子，他们的经济理性会比没有受过金融教育的孩子高出很多，而在之后的社会生活中，他们的生存能力也会更强。

那么，作为父母，该如何对孩子进行金融教育呢？

1. 子女存钱时，父母可以象征性地奖励几元钱，当作投资

为了培养孩子的金融观念，孩子在存钱的时候，父母也可以象征性地往孩子的银行卡上存上少部分钱，当作是"即时利息"，让孩子明白存钱是能够有所增长的。当然，如若孩子没有定性，存了一段时间后便自作主张地取出，那么父母也应该把之前放进去的钱再拿出来。

2. 培养孩子的贷款观念

在培养孩子的贷款观念时，父母可以模拟真实贷款模式：比如，当孩子索要某种不必要的东西时，父母可以采取贷款的方式，先让孩子制订偿还计划：比如如何偿还，分几期偿还，以什么样的方式偿还等，然后再由父母出钱买下来。如若孩子没有按时偿还，父母也要采取一些必要的惩罚措施，一来让孩子养成诚信的习惯，二来也要让孩子明白不必要的消费会给自己带来巨大的负担。

3. 让孩子也参与到股票的购买当中

当然，这一条教育要有一个前提，就是父母必须是股票爱好者，经常投资股票等，在投资股票的时候，可以趁机让孩子了解股票知识，让他们了解影响股票涨、跌的因素等。

4.让孩子学习储蓄的基本知识

储蓄，并非只是简单地将钱放进卡里，它还牵涉到储蓄的方法、利率、种类等，可以让孩子亲自体验银行基础业务办理，让孩子了解不同种类的储蓄，其利率有何不同等，以及如何给别人汇款，如何填汇款单等。

总而言之，孩子懂得金融知识，不仅可以培养孩子正确的金钱观念，而且还有利于孩子之后的社会生活，可以养成较强的理财能力，能够让孩子更好地适应未来社会的发展。

★测试：孩子的财商如何

根据题目选择答案。

1.孩子有了压岁钱之后，他会将大部分的钱储存起来（　　）

　　A.是　　　　　　B.不是

2.他常常会因为一些特别的东西索要钱财（　　）

　　A.是　　　　　　B.不是

3.带着孩子去旅行时，他会想到给自己的伙伴带些纪念品吗（　　）

　　A.是　　　　　　B.不是

4.孩子经常会丢钱，或者是忘记放钱的位置（　　）

　　A.是　　　　　　B.不是

5. 你的孩子喜欢储蓄（   ）

  A. 是   B. 不是

6. 当你拒绝孩子的购买要求时，你的孩子会提出自己付钱（   ）

  A. 是   B. 不是

7. 孩子会因为"别人都有"而索要物品（   ）

  A. 是   B. 不是

8. 孩子消费自己的钱时会非常犹豫（   ）

  A. 是   B. 不是

9. 孩子买东西，通常以"我想要"开始（   ）

  A. 是   B. 不是

10. 孩子心情不好的时候，总希望去购物（   ）

  A. 是   B. 不是

11. 孩子会捡起地上的一角钱（   ）

  A. 是   B. 不是

12. 孩子经常会买影视周边产品（   ）

  A. 是   B. 不是

13. 孩子喜欢收藏东西（   ）

  A. 是   B. 不是

14. 对于降价消息和优惠信息，他都比较关注（   ）

  A. 是   B. 不是

15. 孩子对人对事都比较"大方"（   ）

  A. 是   B. 不是

测试结果：

3、4、6、7、9、10、12、15题回答"是"居多的话，说明孩子是一个挥金如土的人，几乎没有理财观念。

1、2、5、8、11、13、14题回答"是"居多的话，表明孩子有很强的理财意识，懂得节俭。

二者答案相当的话，孩子的财商一般，受情绪的影响比较大，做事情的计划性也比较差。

Part 11

挫折教育中的墨菲定律：一直朝着好方向发展的事情不存在

　　当下，孩子的心理素质问题引起了父母、学校以及社会的广泛关注。而挫折教育则成了提升孩子心理素质的主要方法之一。墨菲定律中说："一直朝着好方向发展的事情不存在。"在当今社会，挫折充斥在生活过程中的各个角落，很多没有受过挫折教育的孩子，在面对外界挫折时往往会不知所措、无法应对，以致无法更好地适应社会。所以父母要注重对孩子的挫折教育，让孩子学习勇敢面对挫折。

知道挫折教育，却不懂挫折教育

近些年来，孩子的心理素质教育受到越来越多的重视。由于父母的过度宠爱，使得孩子在面对挫折和困难时，多选用逃避的方式，心理承受能力极其脆弱，而这也成了家庭教育以及学校教育的重要研究课题。

美国亚当斯首先提出了挫折教育的概念。从心理角度来看，挫折指的是人们在进行有目的的活动时，所遇到的阻碍和困难，进而产生的一种紧张和消极的情绪。挫折教育，顾名思义，就是让受教育者接受挫折，培养受教育者面对挫折的能力，进而激发受教育者的潜能。孩子的情绪相较于成人来说，具有明显的可变性。墨菲定律中说："孩子会因为一点成就而沾沾自喜，也会因为一点挫折而灰心丧气。"

为了帮助孩子的情绪趋于稳定，父母就需要对其进行适当的挫折教育。而在进行挫折教育之前，作为施教的一方，你真的懂挫折教育吗？墨菲定律中说："几乎所有人都知道挫折教育，但却很少人真的懂挫折教育。"那么，在进行挫折教育时，我们父母认知上又有哪些误区呢？

1. 千篇一律，没有各自的特色

父母在对孩子进行挫折教育的时候，首先一定要认识到孩子的个体差异，而非人云亦云，千篇一律，甚至随着社会大流，将孩子随便扔进一家挫折教育培训学校等，最后不仅不会给孩子带来实质性的帮助，甚至还会给孩子带来某种伤害。所以，当对孩子进行挫折教育的时候，最好先对孩子的个性进行评估，然后再实施教育计划。

2. 要么太缺乏耐心，要么是没有了决心

很多父母在对孩子进行挫折教育的时候，很喜欢人为地给孩子制造挫折，孩子失败之后，便开始对其进行没完没了的指责，这种粗暴的方式很容易激起孩子的逆反心理，进而造成挫折教育的失败；另一类父母没有足够的决心，在进行挫折教育的时候，看着孩子痛苦的样子，便犹豫不定，想要放弃。

3. 想要迫切见到教育的成功成果

很多父母认为，只要让孩子接受一次挫折教育，就可以达到自己教育的目的。其实这种想法是极其错误的。从心理学角度来看，人们在实现目标的过程中，会因为遇到的困难而产生各种各样的行为状态，这种状态既表现在生理上，也表现在心理上。所以，对孩子进行一次挫折教育之后，父母还要注意随时对孩子情绪变化进行观察，避免孩子无法从挫败感中走出来。

4. 不要一味地空洞说教

言传身教是最好的教育方式。很多父母喜欢给孩子摆大道理，但是孩子的心理成熟度不够，或许无法很好地理解父母口中的"真理"，他们需要父母详细的分析和总结，而非一些空洞虚无的说教。

> **墨菲定律启悟**
>
> 　　挫折教育是培养孩子意志的重要教育，需要知道的是不要给孩子设置无端的挫折。

看似坚硬的蛋壳，实际不堪一击

"蛋壳心理"是一种比较脆弱的心理状态，孩子很难承受来自外界的挫折和压力，不懂得如何应对眼前的困境。如若父母不加以引导，有这种心理的孩子便很容易走向极端，甚至会产生轻生的念头。

5～13岁是孩子心理发展的关键时期，而"蛋壳心理"也大多产生于这一阶段。这一时期，孩子因为心理上的不断变化，而对周围环境和自身成长感到困惑不解，这时就需要进行健康的"自我统合"。成功的"自我统合"，利于孩子健康人格的发展；而不成功的"自我统合"，就无法跨越这个心理危险地带，于是便会演变成一种外在的行为方式，甚至会采用"自残"的方式来求得心理解脱。

而蛋壳心理的产生，主要就是由于不当的家庭教育方式造成的。

墨菲定律中说："不让孩子面对挫折，他将永远不知道如何面对挫折。"大部分的父母几乎都是习惯性地将挫折挡在外面，不想让孩子经受一点的挫折和压力。可是他们没有想到的是，一旦离开了父母的保护层，哪怕一粒灰尘般的挫折，就足以将孩子击碎，让孩子的心理受到巨大的伤害和打击。如若成人不及时地引导，孩子便很容易走向极端，甚至会酿成大祸。

现实生活中有不少这样的父母：

当孩子在外面受了委屈时，父母便不分青红皂白地拉着孩子去找人讲理，直到别人对自己的孩子赔礼道歉为止。

生活中也有不少这样的孩子：

当别人无法赞同自己的看法，或者是对自己的看法提出不同意见时，很多孩子都会选择远离这个人，甚至是自此不再和此人交流。

例子中就是典型的"蛋壳心理"的养成、表现。而这一系列的原因，便在于父母的教育方法上。那么，作为父母，该如何帮助孩子走出"蛋壳心理"，独自面对挫折呢？

1. 做好应对孩子心理脆弱期的准备

幼儿时期是人生的初始，在感知、语言、心理方面，开始有所发展，开始经历敏感期。每个孩子的敏感期出现的时间并不固定，所以作为父母，一定要懂得站在客观的角度，仔细观察孩子的心理发展和独特个性的展现，及时了解孩子"蛋壳心理"的发展情况，进而帮助孩子摆脱"蛋壳心理"的困境。

2. 适当对孩子说"不"，让孩子接受拒绝

很多父母对孩子的要求都是有求必应，几乎不懂得拒绝。在日常生活中，如若孩子提出来一些不合理的要求，父母也应该适当地学会说"不"。比如，孩子想要买一个非常昂贵的玩具，这时你就可以直接说不。当然，在拒绝孩子的时候，也要说明拒绝孩子的理由。

3. 当孩子面对挫折时，父母一定要给予及时的疏导

很多父母在孩子面对挫折的时候，都采用不理不睬的方式，希望孩子能够自主愈合。只是，年幼时期的孩子，其心理发展不成熟，对事物的认知不全面，在挫折面前，如若没有父母的正确引导，他们便很容易走入错误的认知误区。所以，当孩子遭遇挫折的时候，父母要帮助孩子

分析挫折的客观原因，选择战胜挫折的正确方法，鼓励孩子的自信心，激励孩子勇于面对挫折。

4. 鼓励孩子的冒险精神，让孩子勇敢尝试新事物

基于孩子来说，外界的每一件新事物都足以引起他们的好奇心。作为父母，应该鼓励孩子去尝试新事物，并对孩子的每一次选择给予最大的尊重。只有这样，孩子才能够敢于走出"蛋壳"的保护，在新环境中积极探索，进而养成积极乐观的心理，走出"蛋壳心理"的束缚。

人为地制造挫折，只会让孩子更受挫折

挫折，从生活层面上来说，就是人们在生活过程中所遇到的问题和困难。不管是成年人，还是孩子，都会遇到各种各样的挫折，并夹杂着痛苦、伤心、愤怒的情绪。挫折商比较高的人，在遭遇挫折的时候，会有比较强的掌控能力，会主动承担起挫折所带来的后果和责任，并且自信自己有能力去面对、解决。在这种及时的控制下，便能够将挫折带来的不良后果控制在一定的范围内，不会肆意蔓延。由此可见，挫折商对一个人的作用是非常重要的。

只是，在培养孩子的挫折商时，很多父母对于挫折有一个错误的认知：提高预定的目标，给孩子适当的增加困难和问题，逆着孩子的意愿做事情，便是对孩子进行挫折教育。其实不然，挫折教育并不等于人为地制造障碍，挫折是一种"无法达到预期的目标"，孩子们几乎每天都会遭遇各种各样的挫折，比如，孩子的考试成绩不理想，和同学之间有了矛盾，弄丢了自己心爱的玩具等，都可以说是孩子遭遇到的挫折，而这种挫折并非是由父母人为地制造出的。

人为地为孩子制造挫折，通常会发生在挫败感比较强的父母身上。心理学家认为，当父母在教育自己的孩子时，除了要面对孩子所遇到的挫折，他们还要面对自身内心的挫败感。挫败感比较重的父母很容易因为一些比较小的事情而感到崩溃，并将孩子归入"不可救药"的行列。甚至，有些父母因为内心沉重的挫败感，而发起对孩子的攻击，以此来缓解内心的焦虑。

又有研究表明，这种挫败感，大多是源于幼年时期不当的"挫折教育"。在成人还是孩子的时候，便因为一些小错而遭到父母的大肆批评。时间久了，便对挫折的认知有了一个模糊的界定，因为一件错事而否定了自身的所有，进而让挫败感肆意发展，一直延伸到成年时期。

墨菲定律中说："挫折的本质并不是挫折本身。"挫折的本质是面对挫折的时候，所采用的应对方法。当孩子遭遇挫折的时候，父母不应该再妄加指责，而是要了解挫折的原因，并进一步指引孩子找到应对挫折的方法。孩子遭受了多少挫折并不重要，重要的是他们在这种过程中学到了些什么。

那么，父母该如何改正人为制造挫折的想法，并正确进行挫折教育呢？

1. 父母的爱是让孩子战胜一切的力量

当孩子在困难面前出现挫败感的时候，也是急需要父母表达爱的时候。现实生活中，有很多这样的父母：孩子考试成绩不理想，便会遭到父母的训斥，在整个训斥过程中，甚至连一句有用的教导都没有。父母的这种做法，不仅无法让孩子更好地学习，反而会加深孩子的挫败感，让孩子失去自信心。所以，正确的做法是，给孩子一个激励的眼神，或者是一个爱的拥抱，让孩子感觉到，即便他没有达到预期的目标，父母还是会一如既往地爱着他。

2. 小事儿中也包含挫折教育

孩子磕到了桌脚，父母会斥责桌脚；孩子摔在了地上，父母会埋怨土地不平……父母的这一系列做法，会让孩子将所有的挫折归结于外在因素上，而不能很好地认清挫折的本质。正确的做法应该是："走路看着点地面，就不会碰到桌脚，也不会摔跤。"

3. 父母的鼓励非常重要

可以这么说，父母的鼓励是孩子自信心的源泉。有了父母的鼓励，孩子便有了战胜挫折的勇气。孩子遭受了困难，父母要及时鼓励；孩子取得了一些进步，父母要及时地肯定。

4. 适应能力强的孩子不怕挫折

适应能力是孩子在日后社会生活中的重要能力之一，父母应该有目的地培养孩子的适应能力。比如让孩子体验山区生活，让孩子养成不挑食的习惯等，适应能力提高了，他们面对挫折的勇气自然也就提高了。

正确认知失败的孩子，才能正确面对失败

世界著名的喜剧大师查理·卓别林在给儿子的信中，曾经讲过这么一个故事：

卡尔·耶垂斯基是波士顿红袜队的一垒手，1929 年夏天，他成了棒球史上第十五位击出三千次本垒打的球员，引起了媒体的广泛关注。在他打破记录之后的一个星期内，几百名记者围在他的周围，争相报道着他的一举一动。

有一位记者询问卡尔·耶垂斯基："您难道不担心，您会因为这样的成就而失常吗？"

耶垂斯基说："如果我的记忆没有出错的话，在我的一生中，我总共击打了一万多次。这也代表着，我曾经经历了七千多次的失败。就是这七千多次的失败，不致让我失常。"

每个人的成长过程中，都会像耶垂斯基这样，遇到千千万万次的失败，而之于失败对人类的作用，就在于这个人对失败的认知。著名作家罗威尔说："人生中所遇到的挫折就好比一把刀，能够割伤我们自己，也能够为我们所用。其关键就在于你握住的是刀刃还是刀柄。"

在认知世界的过程中，有些人将这些失败看作惩罚，看作灾难，所

185

以他们便成了失败者；有些人将失败看成是一种恩赐，一种机遇，所以他们成了最后的成功者。

墨菲定律中说："从未体验过成功的人，是因为他们从未认识到失败。"古斯巴达的青年每年都要遭受鞭刑，以此来训练他们忍受磨难的耐力；巴尔扎克经受了最可怕的童年，于是便埋头于文学创作，成就了法国现代小说之父；一个相貌丑陋、口齿不清的孩子，在外人嘲笑、讥讽的声音中，成了加拿大著名的"蝴蝶总理"——让·克雷蒂安。

由此可见，是否能够正确面对失败，成了人生成功道路上的重要课题。而在教子过程中，当孩子面对失败时，引导孩子正确面对失败，提升孩子的心理素质，也成了不可或缺的教育内容。

1. 在失败面前，应让孩子先冷静下来

面对失败，不够理智的孩子，往往会因为急于想要摆脱困境，而被盲目的冲动所驱使，进而因为缺乏冷静的思考和判断而产生更坏的结果。所以，当孩子处于失败境地时，最紧要的就是让孩子的情绪冷静下来。只有理智的思维，才有可能帮助孩子找出失败的原因，走出困境。

2. 不要逃避失败，正确认识失败

墨菲定律中说："世界上并不存在真正的失败，除了那些人们心中早已认定的。"而英国心理学家尼克·卢克斯摩尔也说："父母无休止地将孩子从失败的境地中保护出来，这对于孩子来说是百害而无一利的。当失败再次降临时，孩子们便会难以理解和接受。"正确的做法是，不要让孩子逃避失败，而是要正确认识失败。父母要告诉孩子，失败是人生中不可逃避的课题，很多科学家、伟人都是踏着无数失败的石头而走向世界的舞台。只要积极面对失败，失败就不再是一件可怕的事情。

3. 提升孩子的心理承受能力

消极、悲观、畏惧是孩子在面对失败时所表现出来的主要心理。当

孩子出现上述一些心理时，父母可以进行适当的引导，必要的时候也可以给予一些批评，并正确地评价孩子的每一个行为。当然，孩子在面对失败时，父母还要给予一定的鼓励，提升孩子面对挫折的勇气。

4. 让孩子正确认识自己的优劣势

很多孩子无法承受失败，还因为他们对自身的优劣势并没有一个清楚的认知，尤其是对自己的劣势，还有很大的盲区。父母应该帮助孩子正确认识自己的优劣势，认识自己的优劣势，才能够让失败变成"理所当然"的事情，才能够更好地对失败做出判断，才能够更好地面对失败。

墨菲定律启悟

把失败看作祸患，它就会发展成更大的祸患；把失败看作恩赐，它会带来更大的恩赐。

乐观地对待挫折，挫折也会变得乐观

墨菲定律中说："人有权利选择乐观或悲观，而挫折也有权利选择成功或失败。"挫折的存在已是人们成长道路上的共识，只是，挫折毕竟是对人心理的"负面刺激"，所以人们面对挫折时的态度，也成了成功或失败的关键所在。父母要自小培养孩子对待挫折时的乐观态度，并以此追求一个乐观的结果。

有一个小男孩，自幼因病残疾，膝关节僵硬，无法走路。他曾经几度灰心丧气，放弃了生活的希望。有一次，他的母亲坐在病床前，对他说："你是一个坚强的孩子，妈妈希望你可以乐观地对待这件事情，并用你的双腿勇敢地走下去。"

受到母亲的鼓舞，这个小男孩心中充满了勇气。他选择正视这项困难，并学着像母亲说的那样，用自己的双腿走接下来的路。每天，男孩的母亲都会陪着他一起练习走路，尽管每次都累得汗流浃背，小男孩也从未说过放弃。最终，他以乐观的心态战胜了"疾病"这个恶魔，并考入了维也纳大学医学院，并于1914年获得诺贝尔奖生理学和医学奖。这个小男孩就是巴雷尼。

失败乃成功之母，而澳大利亚富豪鲁伯特·默克多说："如若不是有着积极心态、自信自强态度的人，他们是无法真正体会到其中含义的。"而巴雷尼在母亲的引导下，以积极乐观的态度对待疾病带来的磨难，最终走向了诺贝尔奖的舞台。

爱迪生在几千次的失败中成了世界上最伟大的发明家，他与失败者明显的不同或许在于：别人将失败看成了不可跨越的阻力，而他将每一次的失败看作是扔掉了一个不可行的方法。爱迪生说："失败也是我人生中的必需品，它之于我的价值，和成功并没有什么区别。经历了失败，才能够找出错误的方法，找出错误的方法，才能够得知正确的方向。"

由此可见，挫折、失败本身并不重要，重要的是人们面对挫折、失败时的心态。孩子的心理承受能力比较低，思维能力还没有完全成熟，当孩子遭遇到挫折和失败时，父母就需要从旁引导，让孩子以乐观的心态去面对失败。

1. 出现挫折、失败时，一定要以积极的态度处理

国外心理学家分析，在挫折和失败面前，有着乐观心态的人比较容易成功。乐观的心态会让他们的心理变得更加积极，就如墨菲定律中所说：当人们预期会发生比较好的特定结果时，人们的思想和行为就很容易向实现这一结果靠近。

所以，当孩子遭受失败和挫折时，父母要引导孩子以积极的态度去处理。比如，帮助孩子了解挫折、失败的有利一面，帮助孩子解读失败的真正意义，并让孩子感受到积极面对失败的成就感等。

2. 认真总结失败的教训

著名哲学家安东尼·科林斯说："没有挫折的成功只是一种表象，挫折不是消沉的结果，而是奋斗的起点。"挫折降临时，父母要积极地引导孩子找出挫折的原因，积极总结失败的教训，并汲取其中的经验，让孩子学会和挫折相处之道。

培养孩子战胜挫折的勇气

墨菲定律中说："怯懦剥夺了人们的安全感，引来了挫折，即便挫折从来无意侵犯过。"在孩子成长的过程中，会遭遇生活中的各种各样的突然变化，不管是好的还是坏的，都需要孩子抱着绝对的勇气去应对：当孩子第一次遭遇失败；当孩子第一次面对黑暗；当孩子第一次独自处理事情等。所以，要想战胜挫折，父母就必须帮助孩子改掉怯懦的心理，培养孩子敢于面对挫折的勇气。

1. 父母的态度重于一切

不管是成人还是孩子，都会遭遇各种各样的挫折。而父母面对挫折时的态度和行为则会对孩子带来潜移默化的影响，直接决定着孩子在挫折面前的行为和态度。所以，当父母遭遇困难的时候，一定要保持以积极乐观的态度对待，不要抱怨、颓废，更不可轻易说出"放弃"之言。比如：父母可以给孩子讲讲自己之前所遇到的困难，以及解决的方法等。

2. 承认失败、挫折

很多父母在承认失败、挫折方面，给孩子做了不好的示范。一个刚刚遭受困难和挫折的家长，不管他掩饰得多么精巧，最终还是会被孩子一眼看穿。所以，当父母遭遇挫折的时候，可以直接告诉孩子，比如：

"爸爸今天在工作中遇到点困难……"，而不是脸上带着挫败的表情，而嘴巴里却说着"没事"。前者会让孩子学着接受失败，而后者却会让孩子学会逃避失败。

3.利用游戏来培养孩子面对挫折的勇气

儿童发展心理学家皮亚杰认为："不管什么形式的心理活动，其最开始都是在孩子的游戏中进行的。"日常生活中，父母可以给孩子设置一些有困难、障碍的游戏，以此来培养孩子直面困难的勇气，和解决困难的意志力。如，搭建积木的时候，很容易会受到外界因素的影响，而引起积木的倒塌。这时，父母就要鼓励孩子继续搭建下去，直至积木的搭建成功。

这样一来，孩子不仅体会到了游戏的快乐，还在游戏的过程中，养成了抗挫折能力。

不过，值得注意的是，父母对于孩子的勇敢心理教育，一定要建立在孩子的认知发展水平和心理发展特点基础上来进行，要有意识地根据孩子的个性发展特点来制定、调节、支配父母的既定方案。只有这样，才能够实现改掉孩子怯懦心理、培养孩子抗挫勇气的目的。

墨菲定律启悟

对于不介意暂时失败的人来说，失败就从未存在过。即使存在过，也是暂时的，会立马在振作中跨越的。

★测试：孩子的抗挫能力有多少

根据问题，选出答案。

1. 问问孩子，在过去的一年中，他认为自己碰到了多少次挫折（　　）

    A.2 次以下　　　B.3 ～ 4 次　　　C.5 次以上

2. 孩子在挫折面前（　　）

    A. 大部分情况自己可以解决

    B. 可以解决一部分

    C. 大多数都无法解决

3. 孩子对自身的才华和能力有何想法（　　）

    A. 非常自信　　B. 比较自信　　C. 不太自信

4. 在挫折面前，孩子的态度（　　）

    A. 勇往直前　　B. 寻求他人帮助　　C. 放弃目标

5. 当孩子有担心的事情时（　　）

    A. 没办法继续学习

    B. 照常学习

    C.A、B 之间

6. 面对讨厌的竞争伙伴时（　　）

    A. 没办法交流　　B. 正常应对　　C.A、B 之间

7. 当面对失败时，孩子的表现（   ）

A. 垂头丧气　　B. 不气馁　　C. A、B 之间

8. 学习遇到困难时（   ）

A. 烦躁　　　　B. 静心思考　　C. A、B 之间

9. 遇到难题的时候（   ）

A. 没了信心　　B. 继续解决　　C. A、B 之间

10. 学习累了时（   ）

A. 不愿意继续学习下去

B. 休息一下再学

C. A、B 之间

11. 学习环境不好时（   ）

A. 没办法学习　B. 继续学习　　C. A、B 之间

12. 有自卑感的时候，孩子会（   ）

A. 不愿意继续学习

B. 继续学习

C. A、B 之间

13. 父母给孩子的任务比较困难时（   ）

A. 直接放弃不做

B. 千方百计做好

C. A、B 之间

14. 当碰到学习问题时，孩子的表现（   ）

A. 厌恶　　　　B. 可以锻炼一下　　　　C. A、B 之间

评分标准：

1～4 题：A.2 B.1 C.0

5～14 题：A.0 B.2 C.1

测试结果：

19 分之上：孩子的抗挫能力非常强。

9 ～ 18 分：孩子的抗挫能力一般。

8 分以下：孩子的抗挫能力比较弱。

Part 12

品德教育中的墨菲定律：美德是永远无法遗传的

　　良好的品德也属于积极心理学的范畴，是人们进行社会活动的基本准则，是对社会、他人、周边事物所体现出来的比较稳定的心理倾向。一个拥有良好品德的孩子才能够拥有一个积极向上的人生。墨菲定律中说："父母对品德培养有稍微的放松，好孩子就有可能变坏。"所以，父母要担好家庭教育的责任，将孩子培养成一个有用、有德之才。

感恩是一种健康人格的表现

"感恩"是积极心理的一种，也是一种处世哲学，是人们融入社会活动中的基础品质，也是一个人健康人格的表现。感恩教育就是让孩子明白自己现在所享受的快乐生活，都是通过别人的付出得到的，从而对他人的付出心怀感激。

对于孩子来说，感恩教育并不是一种简单的报答行为，而是对孩子责任意识、自尊意识、自立意识、感恩意识和健全人格的一种培养。由此可见，对孩子的感恩教育必不可少。

流传着这么一个故事：

一个富有的老人，想要资助一批贫困的山区学生。于是他联系了相关部门，并说出了自己的愿望。不过，在真正实施资助之前，这位老人购买了一批图书，并在每一本书中附上了自己的电话、邮箱和联系地址等。他拜托相关部门将这批书送到孩子们的手中。

在接下来的几天里，老人每天守在电话旁，并时不时地查看自己的邮件。

终于有一天，老人的邮箱收到了一封特别的来信，是一个山区孩子寄来的。信中表达了对老人赠书的感谢，并写下了对老人的祝福。当即，老人便给这位学生资助了一大笔教育金，并且放弃了对其他孩子的资助。

老人的女儿不理解他的行为，老人解释说："不懂得感恩的孩子，我想象不出他将来会成为什么样子。"

墨菲定律中说："不懂得感恩的人，将不会有人再施恩给他。"事例中，老人在真正捐助之前，事先给孩子们寄去了一些带有自己详细联系方式的书，而最终选择只资助一个懂得感恩的孩子，即说明这个道理。

在人的一生中，几乎每时每刻都在享受着不同的"恩惠"：父母的养育之恩，老师的教授之恩，陌生人的帮助，朋友的关心，自然的馈赠……父母应该让孩子明白，这种种的恩惠并非是理所当然，而是应该要心怀感恩地接受。所以，要培养孩子的感恩意识，以便于更好地在社会上生活。

1. 帮助孩子树立感恩意识

想要让孩子学会感恩，就需要培养孩子的感恩意识。在现实生活中，很多父母经常会在无意间忽略了孩子的感恩教育。比如，父母认为为孩子做好一切是理所当然的事情，不需要孩子的感恩等。这些认知都是错误的，并不利于孩子感恩意识的树立。父母要有意识地让孩子知道感恩，比如：当父母为孩子做一件事情时，父母应该让孩子对自己说声谢谢，并让他们理解父母并不是理所当然地要为他们安排好一切；多给孩子讲讲平日里工作的事情，让孩子知道你养家的辛苦。

2. 父母的榜样作用不可忽视

墨菲定律中说："孩子不会放过任何一个模仿父母行为的机会。"要想让孩子感恩，父母必须以身作则，用行动来展现感恩。比如：尊敬老人，送给长辈礼物，常常给老人打个电话等。孩子看到感恩的举动，自然也会效仿感恩。

3. 给孩子回报的机会

当孩子想要做一些感恩的举动时，比如帮着洗碗、拖地等，父母总会说："你的任务是学习，这些爸爸妈妈来做就好。"父母的这些行为，便阻止了孩子的感恩举措，并不是合理的教育方式。父母应该给予孩子回报的机会，让他们明白"付出"的含义，进而更好地养成感恩意识。

父母不要对孩子开"空头支票"

曾子，是春秋战国时期的思想家、教育家。

有一次，曾子的妻子要去集市，一边玩耍的儿子吵着也要去。为了让儿子留在家里，曾子的妻子便欺骗他说："如若你好好在家里玩，回来我就给你杀猪吃。"

孩子听了这话，便止住了哭声，也不再跟随了。这一幕被一旁的曾子看在眼里。

曾子的妻子回来后，看到猪被五花大绑地放在地上，旁边的桌上还放了一把已经磨好的刀。曾子的妻子赶快找到曾子问："你这是干什么？"

曾子说："当然是要杀猪。"

曾子的妻子说："我是骗儿子的，你怎么还当真了？"

曾子严肃地说："孩子年幼，所有的习惯和教训都要从父母这里汲取。你是做母亲的，答应了的事情却又反悔，以后该如何再教育孩子呢？孩子又如何再听从你的话呢？"

于是，曾子便将猪给杀掉了。

墨菲定律中说："父母口中的下个星期，几乎永远不会到来。"而事例中，曾子的妻子便差点成了这样的家长。其实，在日常生活中，这样的例子并不少见："你听话，我下星期带你去动物园""听话就给你买××玩具""做完作业给你买冰淇淋吃"……而大部分的孩子都得到过类似的承诺，却只有极少部分的孩子得到了承诺的兑现。

大多数情况下，父母欺骗孩子成了父母达成目标的捷径。孩子第一信赖的人就是父母，所以即便是再荒谬的谎言，孩子也最终会选择相信。比如"随意触碰小动物会生病""大灰狼喜欢吃爱哭的小孩子""天黑了，外面会有妖怪"……久而久之，孩子便对这些奇怪、虚幻的事物产生恐惧感，进而会害怕天黑，害怕哭泣，害怕动物……

父母一直欺骗孩子，孩子将来也会学会欺骗。心理学家说，父母不喜欢欺骗，孩子更不喜欢欺骗。有些父母认为，孩子懵懂无知，稍微的欺骗并不会造成太大的影响。其实不然，有研究表明，一岁多的孩子就已经具备了辨识能力，他们开始捕捉成人的情绪和情感。如若让孩子感受到了欺骗，就会极大程度地伤害他们的自尊心，并让他们感受到了来自父母的轻视，并选择用欺骗的方式来弥补心中的委屈。

此外，孩子青春期的叛逆大多也和欺骗有关。当孩子得知一切都是骗局后，他们的内心会充满愤怒和失望，并开始减少对父母的信任度，使父母的权威在孩子的心中越来越没了地位。当孩子步入青春期时，这种被欺骗的愤怒感被牵扯出来，并且爆发出异常激烈的负面能量，他们喜欢用和父母背向的方式来激怒父母，以此获得一种心理补偿。

所以，为了孩子的健康心理发展，父母一定要做好父母的样子，不要欺骗孩子，要及时与孩子沟通和交流，让口中的下个星期变成实际上的下个星期，而不是一张"空头支票"，一个孩子心中虚幻的泡沫，一戳就破。

诚信讨厌虚伪，而虚伪却常常伴着诚信出现

从社会角度来讲，诚信是社会认知和肯定的行为规范准则，是人对自身、他人、集体、社会以及道德、秩序的一种期待心理；从个人发展角度来看，诚信是一个人最为理性的选择，是最为有效的行为机制。心理学家表示，诚信是人们最有效、成本最低的选择。

在孩童时期，孩子的道德意识和道德行为发展并不成熟，道德意识决定着道德行为，而道德行为又体现着道德意识，只是因为孩子认知水平有限，造成了行为意识上的脱节。明明知道这是错的，却还是身不由己地去做。而事实上，孩子是否诚信，除了自身的心理素质外，还和父母的教育有着密切的关系。

福克斯是英国著名的政治家，他便是以诚信著称。而福克斯的诚信品质，则是来自于父亲的教育。

福克斯出生在一个富裕家庭中，他年幼时，家中花园里有一个旧亭子，父亲打算拆掉并建造一座新亭子。拆迁的日子正好也是福克斯返校的日子，福克斯想要亲眼看到拆迁亭子的整个过程，所以便想推迟返校的日子。

为了让福克斯按时返校，福克斯的父亲假意答应他，等他下次回家的时候再拆亭子。福克斯便去上学了。等福克斯再次回家的时候，旧亭子早就已经不见了，取而代之的是一座富丽的新亭子。

福克斯愤怒地对父亲说："你竟然失信，你是一个虚伪的人！"福克斯的父亲听后很是震惊，赶忙对他说："是的，孩子，是我错了，我应该言而有信。"

没几天，福克斯的父亲命人重新拆掉新亭子，再盖一所新亭子，并且让福克斯观看了整个过程。

福克斯的父亲为了不对儿子言而无信，又让人拆掉了新建的亭子，完成了对儿子的承诺。他的这种行为，给福克斯做出了诚信的榜样，为福克斯的诚信打下了基础。墨菲定律中说："孩子的谎言，大多是因为父母给了他一个说谎的理由。"由此可见，父母重视对孩子的承诺，就有利于孩子养成诚信的品质。

1. 让孩子明白诚信的人是有所收获的

诚信是人在社会上生存的根本，诚信教育也成了教子中不可或缺的内容。当孩子有了诚信的举措时，父母应及时给予相应的鼓励或者是奖励，让孩子明白：诚信的人最终是有所收获的。比如，当孩子主动承认自己打碎了玻璃时，父母就不要再责备他，而是应该适当地对他的这种行为进行奖励。同样，如若孩子出现不诚信的行为，而又不懂得改正时，父母也应该及时给予惩罚。

2. 父母需要满足孩子的合理要求

孩子之所以不诚信，大部分都是因为他们的某种需要没有得到满足，所以在日常生活中，父母不应该遏制孩子的正常合理需求，否则孩子可能就会以不诚信的态度来自行满足。比如，孩子想要一套童话书，可父母却不愿意买，孩子便会对父母说："这套书是老师推荐的，老师让买。"事实上，老师可能都不知道这套童话书的存在。

所以，当孩子有了某种合理需要时，父母要尽可能地满足。如若孩子的需要不合理，父母也要帮助孩子分析其中缘由，让他们知道哪些是合理的，哪些是不合理的。

3. 不要无端怀疑孩子

很多父母都会有这样的举动：当孩子单独在房间学习时，父母会时不时地过去查看，看看孩子是否真的在学习；而有些父母经常对孩子使用质问的语气，"这真的是你独立完成的吗？""你真的读了半个小时的书吗？"……父母的这种种行径，都会让孩子感到困扰，从而会选择不诚信的态度应付父母。所以，父母培养孩子的诚信品格，首要做的就是相信孩子，因为信任是可以培养孩子诚信品质的。

对孩子撒谎不必大惊小怪，但要正确引导

英国著名心理学家、专栏作家伊恩·莱斯利在其所著的《说谎心理学》一书中说道："人们从一出生就已经拥有了说谎的能力。婴儿在学会使用语言之前，就已经有了一些非语言性的说谎行为。……根据研究表明，三岁的孩子会立刻承认自己的谎言，四岁大的孩子会否认自己的谎言，六岁大的孩子中有95％的人会说谎。"由此可见，孩子撒谎并不是个例，而是属于普遍的一种能力。

心理学家曾经做过这样一个研究：将65个孩子分别放在一个比较安静的空间内，并且告知他们闭着眼睛，不可以偷看房间内的玩具。实验结果显示，有80％的孩子偷看了玩具，而这其中的90％的孩子都不承认自己偷看过玩具。

孩子撒谎的原因有很多，事例中的孩子属于"自助式的撒谎"，是为了躲避某些惩罚而撒谎。比如，孩子打碎了花瓶却把责任推到小猫身上；有些孩子是为了达成某种目的而撒谎，比如，孩子要吃冰淇淋，便谎称是奶奶许诺的；还有些孩子因为心有怒气而撒谎，比如母亲没有答应购买心仪的玩具，孩子便藏起家门的钥匙，并谎称不知道等。

其实，孩子撒谎并不是一件"不可饶恕"的事情，恰恰相反，多年研究表明，孩子撒谎是认知能力发展的凭证，是孩子思维发展的需要。所以，当面对撒谎的孩子时，父母不需要气急败坏地加以斥责，只需要稍加引导，就可以改掉孩子撒谎的毛病。

1. 想要改掉孩子说谎的毛病，就需要明白孩子说谎的原因

孩子撒谎必定是事出有因。父母要想帮助孩子改掉撒谎的毛病，就必须找出孩子撒谎的原因，比如：孩子声称没有看到同学打架，是因为担心给自己惹来麻烦等。父母了解了原因，才能够对症下药。

2. 不要留给孩子撒谎的机会

墨菲定律中说："父母喜欢将事实变成疑问句，那么孩子也不会给予肯定的答案。"在现实生活中，有些父母想要考验孩子的诚实度，即便看到了孩子做的错事，也假装不知道而询问，希望孩子能够给予肯定、真诚的答案。比如：父母看到孩子打碎了花瓶，但事后却假装问"是不是你打碎了花瓶？"这样一来，父母就给予了孩子撒谎的机会，而在面对这个机会时，大多数的孩子都会回答"不是"。而正确的问法应该是"你为什么把花瓶打碎了？"

3. 明确表明你对撒谎的看法

虽然撒谎是孩子认知发展的体现，但并不代表赞同这种撒谎的做法。在有些父母看来，孩子撒谎是因为聪明，所以即便是知道也会一笑了之，不予评价。父母的这种做法实际上是纵容了孩子撒谎的行为。当得知孩子撒谎时，父母应该即刻表现出你对此种行为的不悦态度，并明确指出撒谎是一种非常错误的行为，让孩子认知到撒谎的危害，进而改掉撒谎的毛病。

考虑如何做好事，就没有时间做好事

在德国的法兰克福曾经发生过这样一件事情：

有一个小男孩很粗鲁地将前来乞讨的流浪汉赶出了家门，而小男孩的家人竟然为此专门召开了一次家庭会议。在家庭会议上，长辈们耐心地引导小男孩，并且告诉小男孩：不管乞丐穿得多么邋遢，他们的尊严却和我们一样，不容他人的践踏。家庭会议结束后，小男孩还专程去寻找了那个流浪汉，向他表示歉意。

事例中的现象在德国并不少见。在孩子成长过程中，德国父母首要做两件事情：第一让孩子自律自立，第二对孩子进行善良教育。

苏霍姆林斯基说过："当孩子能够发自内心地感受到别人的痛苦，而非是从理智上时，父母才可以很自豪地说，在孩子身上培养出了一种最为可贵的品质，那就是善良。"在人格心理学中，善良是一种积极的心理活动，是至高无上的美好品德。

墨菲定律中说："老是思考着如何做好事的人，将会没有时间做好事。"是的，善良的举动不应该是思考的产物，而应该是一种自发的本性行为。内心缺乏善良的孩子，他们会将自己控制在一个"自我保护心理空间"内，当自身优势没有得到发挥或者是外界某种事物触碰这个区域时，他们便很容易会做出过激的反应。所以，对于父母来说，"善良教育"是教子中不可缺少的。

从爱护小动物开始教育。在德国，大部分的家庭中都养有小猫、小狗、小鱼等动物，这就是德国父母为孩子找到的爱心教材。父母会教导孩子如何喂养小动物，如何保护小动物等，在和小动物相处的过程中，孩子还要写下喂养日记，写下自己的喂养感受，以此让孩子懂得尊重生命、善待生命，即便这个生命是多么微小。

助人为乐不可少。助人为乐也是"善良教育"中的重要内容。日常时候，父母可以定期带着孩子去孤儿院、敬老院，去帮助那些孤寡老人和孩子，并让孩子亲自给他们挑选礼物，以此引起孩子对弱势群体的关注。此外，这种教育也可以延伸到社会中，比如帮助盲人过马路，帮助年迈的老人拎东西等。

道德榜样不可少。在日常生活中，父母的一举一动影响着孩子的生活。父母要想培养孩子善良的品质，就需要以身作则。比如：父母要懂得帮助他人；经常带着孩子去参加一些慈善活动；陪孩子阅读一些相关的名人故事，并加以引导分析……

让孩子多参加义务劳动，多多充当志愿者的角色。父母可以帮助孩子制订志愿者计划，可以给孩子报名参加志愿者活动，在此过程中，培养孩子善良的品格。

孩子习惯分析别人的错，而忘了自己的错

墨菲定律中说："孩子们在分析问题的时候，总喜欢将过错归结在别人身上，而很少从自身上找缺点。"比如："爸妈没有给我洗衣服""父母忘了叫我起床，所以迟到了""同学推了我一下，弄脏了衣服"……就这样，孩子将责任推给了父母，推给了同学，推给了除自己以外的任何人。而造成孩子这种行为的原因就是，孩子缺乏责任感。

有研究表明，每个人都有一种积极向上的心理趋势，即便是在婴幼儿时期，他们也都对外界事物表现出了极大的兴趣，并想要进一步尝试。这是孩子认知心理的发展，也是孩子责任心出现的开始。所以，父母应该从日常小事中培养孩子的责任心，并让这种责任心成为孩子成长道路上的积极助力。

只是，在培养孩子的责任心之前，父母需要明白：孩子的责任心发展也是有一定规律特点的，父母应该根据这些特点，有针对性地培养孩子的责任心。

4 岁以下的孩子的抽象思维能力并不高，责任心处于萌芽状态，他们能够依照父母的要求去完成一定的事情，但是却并不能真正理解责任心的含义，所以父母在进行责任教育时，尽可能使用具体的语言描述，比如"这个箱子是玩具的家，记得让它们回家"。

5～6岁的孩子，对于责任心的理解处于似懂非懂的阶段，他们开始懂得"自己的事情自己承担"的人生规则。这一时期的孩子，自尊心理也开始发展，所以父母尽量不要使用命令的语气，否则很容易引起孩子的叛逆心理。所以父母在和孩子交流的时候，可以以"我觉得"开始，向孩子表示自己的意思，让孩子自己意识到责任的重要性。

6～7岁的孩子，认知心理进一步发展，不仅仅知道了对自己、父母、朋友有责任，而且也对社会责任有了模糊的意识，开始懂得了环保、公益等概念。不过，这一时期的孩子，自觉性并不是很高，父母还需要继续监督和培养。

懂得了孩子心理的发展特点，父母该如何有计划地培养孩子的责任心呢？

1. 自己的事情自己做

父母可以根据孩子的年龄以及能力，给孩子布置相应的任务，并规定一个明确的要求和范围，让孩子意识到"自己的事情需要自己去做"。比如，自己的玩具需要自己放到收纳箱里；要对说出的话负责；答应他人的事情要做到；自己穿衣服、叠被子；勇于承认自己的错误；积极弥补过错等。

2. 坚持正面的教育，多一些鼓励，少一些批评

培养孩子的责任心不是一蹴而就的，它需要一个循序渐进的培养过程。而且孩子年幼，心理发展不成熟，自律性不高，好奇心过强等，这些都是影响孩子责任心的因素。所以，当孩子完成了规定的任务时，父母要及时给予鼓励；当孩子被其他事物转移了注意力时，父母也要尽可能地使用正面的语言，比如"我相信你是能够完成的"，以此来让孩子相信自己的能力，勇于承担自己的责任。

3. 父母布置的任务一定要在孩子的能力范围之内

父母给孩子布置任务的时候，万不可超出孩子的能力范围，否则即便孩子懂得自动承担责任，最后也可能会因为没有完成任务，而使得孩子的自信心受到了打击，进而打击了孩子的积极性，不利于孩子培养责任心。

4. 让孩子懂得为集体负责、为社会负责

终将有一天，孩子会步入社会，会过上集体生活。所以父母要培养孩子的社会责任意识和集体责任意识。比如，积极参加学校组织的活动；让孩子有集体荣誉感；懂得和他人分享；保护环境；乐于公益、慈善；热爱祖国等。

★测试：你有一个什么人格的孩子

这是著名的"菲尔人格测试"，请根据问题，选出适当的答案。

1. 孩子心情最好的时候（　　　）

　　A. 早上　　　　　B. 下午、傍晚　　　　　C. 夜间

2. 孩子走路时的样子（　　　）

　　A. 大步快走　　　　　B. 小步快走

　　C. 不快不慢地抬头走路

　　D. 不快低头走路　　　　　E. 很慢

3. 孩子和人交流的时候，表现（　　）

  A. 手臂交叉着，站立　 B. 握着双手

  C. 手放在臀部　 D. 喜欢碰着别人说话　 E. 摸着下巴

4. 孩子的坐姿（　　）

  A. 两膝并拢　 B. 双腿交叉

  C. 双腿伸直　 D. 双腿蜷缩在身下

5. 碰到比较搞笑的事情时（　　）

  A. 大笑　 B. 会笑，但不会大声

  C. 轻笑　 D. 羞涩地笑

6. 参加派对时，孩子的出场表现（　　）

  A. 大声地入场　 B. 安静入场，并找自己的伙伴

  C. 悄悄地入场，不喜欢引人注意

7. 孩子学习时被人打断的反应（　　）

  A. 高兴　 B. 愤怒　 C. 两者之间

8. 孩子最喜欢的颜色（　　）

  A. 红色、橘色　 B. 黑色　 C. 黄色、浅蓝色

  D. 绿色　 E. 深蓝色、紫色　 F. 白色　 G. 棕色、灰色

9. 睡觉之前，孩子喜欢怎样的睡姿（　　）

  A. 仰躺　 B. 俯躺　 C. 侧躺

  D. 头枕在胳膊上　 E. 被子蒙头

10. 经常会梦到什么（　　）

  A. 下落　 B. 打架　 C. 寻找

  D. 飞翔　 E. 不做梦　 F. 梦很愉快

评分标准：

1. A.2　 B.4　 C.6

2. A.6　　B.4　　C.7　　D.2　　E.1

3. A.4　　B.2　　C.5　　D.7　　E.6

4. A.4　　B.6　　C.2　　D.1

5. A.6　　B.4　　C.3　　D.5

6. A.6　　B.4　　C.2

7. A.6　　B.2　　C.4

8. A.6　　B.7　　C.5　　D.4　　E.3　　F.2　　G.1

9. A.7　　B.6　　C.4　　D.2　　E.1

10. A.4　　B.2　　C.3　　D.5　　E.6　　F.1

测试结果：

21 分以下：孩子是个悲观主义者

孩子比较容易害羞，做事瞻前顾后、优柔寡断。在他人看来，孩子有些杞人忧天了。

23 ～ 30 分：没有信心，却又异常挑剔

孩子比较刻苦，行为谨慎，不做没准备的事情。但却缺乏信心，即便有把握了也不敢轻易下手。

31 ～ 40 分：自我保护者

孩子是典型的自我保护者，不会在较短时间内和人成为朋友，但却是一个异常忠诚的人。

41 ～ 50 分：平衡者

孩子是非常有魅力的人，他是众人的焦点，总是充满活力。但也不会因为别人的关注而昏了头。

51 ～ 60 分：十足冒险分子

孩子是一个信心十足的冒险家，是天生的领袖。但是性格比较冲动，做事比较大胆，是为了机会愿意去尝试的人。

60 分以上：孤独

孩子比较自负，喜欢以自我为中心，支配欲比较强，很难得到别人的信任。

Part 13

自律自立中的墨菲定律：聪明的父母在身后，糊涂的父母挡身前

墨菲定律中说："孩子摔倒时，哭与不哭，取决于他的父母是否在身边。"孩子对父母的依赖是一种天性，也是一种本能。不过随着孩子年龄的增长，他们与外界环境的接触也越来越频繁，也已经具备了独立生活、思考的能力。而这一时期的培养重点，就应该放在孩子的主人翁意识和自律自立的能力上来，让孩子摆脱对父母的依赖，不要做温室里的花朵。

孩子总在有大人的时候哭出声来

有一个一岁左右的小男孩，在公园的广场上玩耍。小男孩来到有十几级阶梯的台阶面前，试着自己往上爬。爬了几级阶梯后，小男孩望着"遥不可及"的阶梯，有些打退堂鼓。他回头看看附近的母亲，希望母亲能够过来帮一下他。只是，小男孩的母亲并没有过来帮助他的意思，而是用鼓励的眼神看着他，希望他能够独立完成这一次攀爬。

小男孩只好放弃了寻求母亲帮助的想法，继续手脚并用地向上爬。小男孩爬得非常吃力，衣服也被弄上了灰尘。过了好久，小男孩终于在自己的努力下，爬上了最后一级阶梯。而这个时候，小男孩的母亲才走了过来，拍了拍男孩身上的尘土，给了男孩一个鼓励的拥抱。

这个小男孩，就是美国第 16 届总统——林肯。他曾经说过："我的母亲告诉了我，不管遇到什么困难，不管在什么情境下，我都应该勇敢无畏地、毫不畏惧地走下去。"

故事中的母亲，在自己的孩子遇到困难，想要依靠她的帮助时，并没有满足孩子的要求，而是用鼓励的眼神希望孩子能够独自走下去，并战胜眼前的困难。其实，小男孩眼前的困难并不算什么，只是因为母亲在身边，所以才让困难显得高大起来。这是孩子的依赖心理在作祟。墨菲定律中说："孩子摔倒时，哭与不哭，取决于他的父母是否在身边。"

这个定律在现实生活中并不少见：一个孩子摔倒了，如若父母在身边，那么孩子哭泣的概率几乎达到了百分百；而如若父母假装没有看到孩子摔倒，或者是孩子摔倒时，父母并不在身边，那么90％的孩子会选择自己站起来。

在美国，孩子两岁的时候，就会单独居住一间卧室；逛街的时候，父母也很少会抱着孩子。在日本，父母会给孩子灌输一个观念："不要试图给别人找麻烦。"他们的孩子需要利用业余时间去做家务、参加劳动，以赚取零花钱，即便是富翁家的孩子，也没有特殊的待遇。他们的这些做法，让孩子的独立性增强，让孩子的社会生存能力也大幅度地增强。

而相比较来说，中国的父母就比较劳累了：他们需要给孩子准备每天穿的衣服；需要监督孩子的功课；需要在意孩子的冷

墨菲定律启悟

聪明的父母总会跟在孩子的身后，愚蠢的父母总会挡在孩子的前面。

暖；需要帮孩子思考无法解决的难题；需要为孩子准备郊游的用品等。几乎孩子的每件事情，都少不了父母的全力参与，以至于造成了"做父母累，做孩子更累"的现象。

其实，父母对孩子过度的关爱，过度参与孩子的事情，会让孩子的依赖心理增强，进而不利于孩子独立性的培养。这样的孩子，一旦进入社会生活，就很难适应社会的节奏，不知道该以怎样的心态面对社会，不知道该如何处理人际关系，进而影响了孩子的正常发展，甚至会因为恐惧新环境而患上焦虑症。如媒体曾经报道过一件事情，一个学习成绩很好的孩子，当被送出国留学时，竟然会吓得发抖。这就是"焦虑症"的一种表现。

父母无法伴随孩子一生，对孩子万事包办，并不是爱孩子，而是害了孩子。所以，父母一定要及时地给孩子"断奶"，及时切断孩子的依赖心理，让他们能够自主打理自己的生活，能够有独立的生活能力等。只有这样，当父母离开的时候，孩子才能够继续正常生活下去，才能够独立面对人生中的是是非非，才能够更好地适应这场人生大局。

溺爱会让孩子变得愚蠢、懦弱

墨菲定律中说："父母帮孩子做了很多的事情，也帮孩子成了愚蠢、懦弱的人。"一个人的成长过程，也是他变为自己的过程。如若说真爱是孩子成长过程中的营养，那么溺爱就是孩子成长过程中的毒瘤。我们给了孩子什么样的爱，孩子将在这份爱中成长为一个什么样的人。

井深大是日本索尼公司的创始人之一，也是日本著名的教育家。在他看来，过度的溺爱，会让孩子变成一个懦弱无能的人。

有一次，井深大和好友本田宗一郎去参加童子军东京联盟会。联盟会举行典礼那天，天气很是凉爽，东京的3500名儿童都在世田谷的一个运动场上集合。只是让井深大没有想到的是，典礼举行不到一个小时，便有几个儿童相继晕倒过去。之后又有一些儿童前来参加"破气球游戏"，也就是要用脚去踢对方脚上的气球，直到踢爆为止。可场下的孩子们唧唧哇哇乱作一团，竟然没有人去主动踢爆气球。

对于这一情况，相关部门不得不暂停了活动。

有相关教育者向井深大表示，现在的很多学生身体素质和心理素质都极其的差，有些连 50 米赛跑都无法完成。所以，今天学生的表现也算是在情理之中了。并且还说，现在的一些老师已经对此有了心理恐惧：稍微有些擦伤，父母就会找上门来；稍微训斥学生几句，老师就会遭到家长的投诉。现在每个孩子都是家里的"宝贝"，父母不舍得让他们受到一点委屈和伤害，娇生惯养起来的孩子，缺少了自立精神，开始在外物面前变得畏畏缩缩、胆怯懦弱起来。

井深大认为：对于孩子来说，没有什么事情比父母的溺爱更具有伤害力了。孩子对父母有很强的依赖心理，父母如若过于顺从这种心理，便会使得孩子更加依赖自己，开始进入恶性循环，让孩子逐渐少了自立能力，从而变成一个胆小懦弱、毫无主见的人。

那么，父母该如何正确对待孩子呢？

1. 不要对孩子有求必应

对孩子有求必应，可以说是溺爱孩子的主要表现。对于孩子的一些合理要求，父母可以予以满足，但是对于一些不合理的要求，比如无节制地购买玩具、打游戏、看电视等，这些父母都应该有所节制，而不能无限地满足。此外，对于不予以满足的原因，父母也应该告知孩子，而非仅是粗暴地拒绝。

2. 给孩子平等的地位，万不可让他"高人一等"

在很多家庭中，孩子成了一家的重心：好食物要留给他一个人吃；无节制地给他买漂亮的衣服；孩子的地位在家中至高无上，甚至几代人都要听从他的指挥等。这样的家庭教育方式，只会助长孩子自私自利的气焰，进而在他的心中树立起"以我为大"的不良认知，不利于他之后的社会生活。

所以，针对这一点，父母应该给孩子平等的家庭地位，不可过分地限制，更不可过分地捧高。

3. 让"自己动手"代替全权包办

在现实生活中，很多三四岁的孩子还没有学会自己吃饭；很多五六岁的孩子还不懂得自己穿衣；更有甚者，一些已经上了大学的独生子女，回到家的那一刻，父母还会递上准备好的鞋子……这一系列的行为，都是父母的溺爱造成的。父母过度溺爱，让孩子丧失了自理能力，缺乏独立性，让孩子懒于动手，这不仅会影响孩子的身体素质，更会影响孩子的心理素质。就会如上述事例中的孩子一样"弱不禁风"，胆小怯懦，不敢尝试任何未知或者是看上去有些危险的事物。

所以，作为父母，不要万事包办，而是应顺应孩子的发展规律，适时培养孩子的自立能力。

> **墨菲定律启悟**
>
> 父母不可凡事一手包办，让孩子成为简陋的复制品，更不可把"一切为了孩子"当信条，而将孩子推向脆弱之路。

诱惑面前，孩子的自制力几乎不存在

自制力是孩子的心理品质之一。人的自制力虽有先天的影响，但更为主要的还是在于后天的培养和教育。一般情况下，孩童时代是培养孩子自制力的最佳时期，错过了这个时机，再想要培养孩子的自制力就比较困难了。所以，和其他能力的培养一样，自制力的培养也要越早越好。

1970 年，美国斯坦福大学的沃尔特·米歇尔教授做了一次糖果实验。

米歇尔教授挑选了十个四五岁的孩子，让他们分别坐在事先准备好的桌子前，桌子上摆放着诱人的彩色糖果。这位教授告诉孩子："老师要出去一趟，你们随时可以吃掉这些糖果。不过，如果有人能够等到我回来之后再吃糖果，我将会额外奖励他一颗很大的糖果。"说完之后，这个教授就出去了，十五分钟后回来。

自制力较差的孩子，教授刚出去便吃掉了糖果。

自制力强的孩子则得到了糖果的奖励。

而最后得到糖果奖励的只有一个孩子。

通过上述测验，也看出了孩子们在自我控制力上的差异：自制力比较强的孩子，在糖果的诱惑面前，也可以很好地控制自己，从而得到了额外的糖果；而自制力弱的孩子，则只能吃掉面前的一颗，得到瞬间的心理满足，却丢掉了更大的糖果。

自制力的强弱可以反映出孩子们的心理、智能的发展状况。自制力比较弱的孩子，往往比较容易冲动，喜欢意气用事，无法自律等；自制力强的孩子，则意志比较坚定。而在之后的人生道路上，后者则更能够承受生活中暂时的痛苦和抵御不良的诱惑。

那么，孩子的自制力为何会有高低之分呢？

首先是生理方面的影响（先天性的优势）。据心理学家研究表明，人的自制力和大脑前额叶的右侧成熟程度有关系。成熟比较晚的，自制力比较差，抵抗诱惑的能力会比较低；相反成熟比较早的，自制力就比较强，抵抗诱惑的能力也比较高。

其次是外界环境的影响。墨菲定律中说："当大多数人都在做同样一件事情时，周围的人也会不自觉地跟着效仿。"孩子很容易被外界吸引，不管是悦耳的声音、鲜艳的色彩，还是周围人的一举一动，都足以引起孩子的注意，使孩子的注意力发生转移。如上述糖果实验中所示，只要有了第一个吃糖果的人，就会有第二个、第三个，最后只有极少数的孩子能够克制住自己。

由此来说，培养孩子的自制力，可以从以下几个方面入手：

1. 注意培养孩子的意志力

孩子自制力薄弱，往往就是因为意志力不够。相关心理学研究说，孩子坐在凳子上的时间往往不会超过三分钟。而绘画或者是下棋，是锻炼孩子意志力的途径之一。当他可以不间断地画完一幅画或者是下完一盘棋的时候，意志力和自制力就会在潜移默化中增强了。

2. 充分发挥父母榜样的作用

孩子的模仿能力很强，而父母又是他们的重点模仿对象。他们所模仿到的父母行为，会在极大程度上影响到他们自己的行为。所以，父母在与孩子的相处中，要尤为注意自己的一言一行。用行动引导孩子自制的能力。

3. 告诉孩子各种活动的目的

将一件事情的目的告知孩子，让他能够以这个目的为原则，自觉地控制自己的行为。比如，学习的目的、参加某种游戏的目的等。

4. 灵活运用各种奖惩手段

培养孩子的自制力，也要充分运用一些强化措施，让孩子从心理上认知其中的是非对错。当孩子自制力匮乏的时候，适当地运用惩罚措施，会让孩子意识到行为上的错误；当孩子自制力比较强的时候，也可以运用适当的奖励手段，让孩子得到心理上的满足，从而更好地控制自己的行为。

> **墨菲定律启悟**
>
> 当自制力在孩子心中崛起的时候，或许他会少了一些往日的快乐，但他却多了一些日后成功的条件。

"延迟满足"，让孩子学会适时地等待

从心理角度来说，"延迟满足"就是一种"忍耐"心理，为了到达更远的目标，为了得到更大的享受，而进行暂时的忍耐。延迟满足是人的一种心理成熟的表现，也是一个人情商的表现。

墨菲定律中说："不要急着去装满自己的口袋，而是应该先装满自己的脑袋，脑袋满的人口袋自然也就满了。"这句话的意思就是人不要急于求成，而是要脚踏实地、从容不迫地进行，学会等待，进而培养自己沉着的心性。而这种心性的养成，就源于少儿时期的培养和训练。

1. 从等待开始，时间由短到长

在面对孩子提出的要求时，父母要适时地让孩子练习等待。比如，孩子想要拿某个玩具，这个时候父母可以说："等我做完手中的工作，就给你拿"或者是"等我两分钟，我洗完这件衣服"等，等孩子慢慢适应了这几分钟的等待后，父母就可以将训练的时间慢慢延长，这样孩子的耐心也会逐渐增长。

2. 延迟满足，并不是不满足

很多父母对延迟满足有种误解，只一味地延迟，却忽略了满足。心理学家提议，在面对此种情况时，父母一定要做到言而有信。比如"等你放学回来，我给你买冰淇淋"，那么孩子放学回来，父母就必须给他买来冰淇淋，而不是再找其他的借口继续推辞。否则，就会给下一次的延迟满足训练带来障碍。

3. 孩子等待的时候，父母不要给予过度的关注

有些父母不放心孩子在训练时的表现，给孩子提出延迟满足的要求后，还时不时地探头观望孩子，这是极为错误的做法。延迟满足训练的主要内容，就是训练孩子的自律能力，让孩子试着能够自我监督。而父母这种"不放心"的打探，会让训练功亏一篑。

4. 代币法是延迟满足的一种好方法

在家庭生活中，父母可以给孩子设置"小红花"制度。当孩子想要购买某个玩具或者是不必要的用品时，父母可以以小红花的个数来延迟满足孩子的要求。比如："你的小红花达到十个的时候，才可以给你买这个玩具。"

此外，在运用延迟满足的培训方法时，也需要注意一些问题：

1. 在训练过程中，父母不要表现得太刻意

在延迟满足的训练中，最为重要的是孩子的自律行为，而非家长的

刻意强迫。如若父母的行为表现得过于刻意，会让孩子感受到强迫的意味，从而放弃了自我监督和管理，甚至还会在心中产生"叛逆"的念头，不利于训练。

2. 让孩子等待的时间一定要恰当

孩子的自控能力比较差，所以在训练延迟满足时，刚开始的时间最好不要超过一分钟，之后可再慢慢延长，更不可随意制定孩子无法"承受"的时间。

3. 有可延迟的帮助，亦有不可延迟的帮助

可延迟的帮助，比如：当孩子遇到不会的问题时，父母可以先给孩子提示一些方法，之后再给予具体的帮助；不可延迟的帮助，比如：当孩子手中拿着他无法承受的重物而向父母求助时，父母就必须要给予及时的帮助。

没有自理能力的孩子，总是活在他人的安排中

总有一天，孩子会离开父母独自生活，自理能力便是孩子独自生活的基础，也是一个人生活必备的基本技能。现在很多孩子，对父母的依赖心理比较强，生活自理能力比较差，当他们进入一个新环境生活时，便会出现种种的不适，以致无法正常地进行社会生活。由此可见，培养孩子的自理能力是一件至关重要的事情，也是教子过程中的重要内容。

孩童时期是培养自理能力的关键时期，一般情况下，孩子四岁的时

候就已经有了一定的独立意识和自信心，他们也开始尝试着去做某些事情，这也是父母引导孩子自理行为的关键时期，对于孩子的这些行为，应该给予鼓励和支持。

孩子拥有了自理能力，他的心理活动才能够得到进一步的发展，才能够养成比较良好的心理素质，才能够独立在社会上生活。所以，培养孩子的自理能力，是教子活动中的重中之重。

1. 从日常生活琐事培养

日常生活中，孩子对新鲜事物的好奇心已经超出了成人的想象，他们渴望帮助父母做一些力所能及的事情，并希望通过这些事情能够得到父母的赞美和鼓励。所以，父母应该注意观察孩子的兴趣点，并有目的地要求孩子做一些能力范围内的琐事。比如，收拾自己的玩具；自己洗衣服；帮助父母打扫房间等。

2. 多多给孩子实践的机会

墨菲定律中说："父母无微不至的照顾，让孩子丧失了做人的基本能力。"无限宠溺、万事包办是培养孩子自理能力的宿敌。父母要想培养孩子的自理能力，就需要放开自己保护的双手，给予孩子多多实践的机会，从而将这种自理行为养成习惯。在此过程中，父母应该帮助孩子制定一些要求和规则，让孩子知道哪些事情是自己应该做的，比如，按时吃饭、按时起床、按时睡觉、饭前饭后洗手等，以此让孩子形成条件反射，以更好地培养孩子的自理能力。

3. 多多鼓励、肯定孩子的成果

孩童时期，其认知心理发展并不成熟，思维能力也不完善，在考虑问题的时候，会出现很多不周全的地方。所以，在做事情的时候，难免会有错误的地方。这个时候，父母不要因此而斥责孩子，更不可随意惩罚孩子，而是应该鼓励以及肯定孩子的行为，并积极分析孩子失误的原因，解决根本的问题，以此来提高孩子的自理技能，利于孩子的身心健康发展。否则只会打击孩子动手的积极性。

4. 前期的监督不可或缺

在培养孩子自理能力上，虽然父母应该给予他们充分的自由空间，但是基于孩子的心理发展特点，在前期的培养上，还需要父母的日常监督。比如，每日检查孩子的行为习惯，每日总结孩子出错的地方等，当孩子的自理有了一定的规律时，父母便可以放松对孩子的监督了。

★测试：孩子的独立性测试

让孩子根据问题，选出符合的选项：

1. 班级讨论会上，依据是否改变上课方式而进行投票，轮到你的时候（　　）

    A. 随便投一票就行　　　　　　B. 让老师解决

    C. 积极发言并做好总结

2. 电脑中病毒后，家里正好有一张杀毒光盘，你会（　　）

    A. 试着杀毒，不懂时问家长　　B. 试了一下便放弃

    C. 让爸爸帮忙杀毒

3. 衣服上的纽扣掉了，你会（　　）

    A. 自己缝上　　　　　B. 让妈妈缝上　　　　　C. 换新的衣服

4. 你有一个自私的同桌，还在桌子上画了三八线，你会（　　）

A. 报告老师　　　　　　B. 自己去打动她　　　　C. 无所谓

5. 下楼才发现自己的作业本没带，你会（　　　）

A. 打电话让爸爸送下来　　　　B. 自己去拿

C. 让爸爸送到学校

6. 你平时习惯六点半起床，如若有一天需要五点半起床，

你会（　　　）

A. 请父母早些叫醒你　　　　B. 自己定闹钟

C. 请父母当晚准备好早餐，并叫醒你

7. 同学打架，你会（　　　）

A. 去叫老师　　　　　　B. 劝架　　　　　　　　C. 不管

8. 当你看到有人欺负比较弱的同学时，你会（　　　　）

A. 上去警告他　　　　B. 不管　　　　　　　C. 报告老师

9. 每次上下学，你会（　　　）

A. 让父母接送　　　　B. 坐公车　　　　　C. 和同学做伴回去

10. 周末，家中大扫除时，你会（　　　）

A. 帮忙　　　　　　　　B. 以作业为借口不参与

C. 只整理自己的房间

11. 洗澡换下来的衣服，你会（　　　）

A. 让妈妈洗　　　　　　B. 自己洗

C. 有空自己洗，没空让妈妈洗

12. 遇到难题的时候，你会（　　　）

A. 自己独立思考　　　　B. 和同学商讨

C. 寻求父母帮助

13. 秋游之前，你会（　　　）

A. 让父母陪你一起去买吃的　　B. 自己去买

C. 让父母给你准备吃的

14. 父母外出几天，你会（　　　）

A. 去外婆家住两天　　　　　　B. 自己打理生活

C. 让同学陪你住两天

15. 你要去一位亲戚家，你会（　　　）

A. 自己拿着亲戚的详细信息，独身前往

B. 父母陪同　　　　　　　　　C. 让同学做伴

评分参考：

1. A.1　　B.2　　C.3

2. A.3　　B.2　　C.1

3. A.3　　B.2　　C.1

4. A.3　　B.2　　C.1

5. A.2　　B.3　　C.1

6. A.1　　B.3　　C.2

7. A.2　　B.3　　C.1

8. A.3　　B.1　　C.2

9. A.1　　B.3　　C.2

10. A.3　　B.1　　C.2

11. A.1　　B.3　　C.2

12. A.3　　B.2　　C.1

13. A.2　　B.3　　C.1

14. A.1　　B.3　　C.2

15. A.3　　B.1　　C.2

测试结果：

36～45分：独立性比较强

孩子的独立性比较强，能够很快融入社会生活，能够独立解决问题。

26～35分：独立性一般

有一定的独立性，但是在父母面前，他们却通常会选择依赖的方式，自主意识缺乏，应该注意锻炼孩子的自主能力。

15～25分：有很强的依赖心理

孩子的依赖性比较强，遇到困难的时候很容易退缩，这不利于孩子日后的成长。所以父母要给孩子制定明确的人生目标，并锻炼他的独立性。

Part 14

家庭环境中的墨菲定律：家庭风气不好，培养优秀孩子就很难

优良的家庭教育环境，是孩子心理健康发展的重要前提保障，是孩子健康成长的第一场所。前苏联教育家马卡连柯说："家庭教育是一个持续性的过程，教育中的各个细节展现和家庭环境中的风气息息相关。而家庭环境中的风气并不是凭空而来的，而是需要父母们用自己的生活和德行创造出来的。"墨菲定律中说："在家庭风气不好的环境中成长，即便是最正确、最合理、最精心的教育方式，也无法培养出优良的孩子。"由此可见，家庭风气在家庭教育中的重要性。

同一个孩子，在幼儿园和在家是两个模样

墨菲定律中说："如若你习惯了孩子在家时的模样，那么他在幼儿园时的模样对你来说绝对是非常陌生的。"在幼儿园的孩子听话、懂事、团结同学；而在家里的孩子却任性、蛮缠、耍赖无度。其实，这一变化都是因为孩子所处的环境不同，所接受到的规则不同造成的。

在幼儿园中：幼儿园属于集体生活，有一套成熟的、带有强制性的约束制度。从孩子的心理认知上来说，老师就是幼儿园的权威象征，他必须服从老师的命令，听从老师安排的一切事务。慢慢地，这种认知就会在心理上形成定势，进而成了孩子在幼儿园时的一种行为习惯。

在家中：从心理学上来说，孩子对父母天生就有依赖性。也正是这种依赖心理，使得孩子在家时的状态比较放松，再加上父母对其有求必应。在家时的孩子就无须像幼儿园那般进行自我控制，自然就要比幼儿园时淘气很多了。

所以，要想让孩子变得和幼儿园一样听话，就也要学着幼儿园的样子，制定一些家规了。那么，我们该如何制定家规，并保证家规更好地实行呢？

1. 将良好的行为准则制定成带有强制意味的条约

在心理学中，有一个"心理定势"的概念。心理定势的因素有两种，一种是感知经验，另一种是心理因素。而父母制定一些强制性的条约，通过反复强调和练习，以让孩子在心理上对这种行为准则形成定

势，这种定势会在孩子无意识的状态下影响孩子的举止言行。

比如：吃饭之前要洗手；整理好自己的玩具、书籍；不要触摸危险物品等。当然，随着孩子年龄的增长，这些规则也应随之做出相应的修改和补充，以适应孩子的成长变化。

2. 制定相关的作息时间表

孩子的年龄不同，其生理特点也不相同。所以父母在制定作息时间表时，应该根据这一特点，不断地改善和调整。比如，吃饭、学习、玩耍、亲子交流时间、游戏、看电视、睡觉等，都需要有明确的时间规定，一旦制定了相关的作息规则，就需要严格执行，不要被外界的因素所影响：如家中来了客人，父母外出聚会等。

当然，一些重大节日或者是特殊情况下，可以适当地放松对孩子的看管。由此也可以让他知道，只有在特定情况下，他才可以打破平日的作息规则。

3. 待人接物也可以强行定制

当孩子对外界的事物、人有了一定的认知能力后，父母就应该着重注意孩子在待人接物方面的能力培养。比如，要善待小动物；要懂得分享；要主动向客人问好；不经他人同意，不可乱碰他人的东西等。

> **墨菲定律启悟**
>
> 一个家庭如若没有规矩，就不要期望孩子不惹事情。

4. 劳动，是天性也是责任

喜爱劳动是孩子的天性，也是培养孩子责任心的主要方法之一，让孩子在潜意识中拥有主人翁意识。家长制定劳动规则时，可以先让孩子从自我服务劳动做起，比如自己穿衣服、吃饭、叠被子等。等孩子稍大一些后，再将家庭的一些事务规定下来，让孩子做一些力所能及的事情，比如：扫地、洗碗、浇花等。

此外，在订立规则的时候，父母应该注意：规则不能定得太难，不能定得太繁琐，也不能给孩子过于严肃的管制，要懂得松紧结合、奖惩得当才行。

父母态度不一致，就教导不好孩子

心理学家曾经做过这样一个实验：

心理学家给了一个被实验对象一块手表，当他人向这个被实验者询问时间时，他可以自信迅速地回答出来；而后，心理学家给了这个被实验者两块不同时间的手表，当别人再向他询问时间时，他却有些迟疑了。因为两块不同时间的手表，无法让他进行正确的判断，从而无法得出一个准确的时间，所以他在回答的时候有些迟疑了。

心理学界将这一实验称之为"手表现象"。

根据"手表现象"，人们又引出了一条定律：不管做什么事情，只能有一个明确的指导原则或者是只能有一个目标取向，否则就会让人陷入迷茫的境地。后来，这一现象也被引用到家庭教育中来：在教育孩子的时候，父母应该保持统一态度，当父母的意见出现分歧时，孩子将会变得无所适从。

这种现象在教子活动中并不少见：

孩子因某事和伙伴起了争执，而被伙伴打了一巴掌。母亲可能会教导孩子要宽容，并找出此次争执的原因，帮助孩子们和好如初；而父亲可能主张以牙还牙的方式，告诉孩子在遇到这种事情的时候，不可以软弱逃避，而是应该勇敢应战。

此时的母亲和父亲便采用了两种截然不同的态度，一个要求宽容别人的过错，一个要求以牙还牙。父母亲的教育观念出现了分歧，不仅无法给予孩子正确的处理建议，反而让孩子因不知道该采用哪种方法，而开始选择逃避。墨菲定律中说："父母双方出现意见分歧时，孩子总会趋于对自己有利的一方。"这是出于孩子的自我保护心理，在错误面前，他们会发自本能地趋向保护他、偏袒他的那一方。时间长了，孩子便会形成一种惯性的思维：即便是我做错了事情，总还会有那么一个人出面保护我、帮助我。这样一来，孩子便只会逃避错误、开脱错误，而不懂得承担责任。

所以，为了避免这种现象，父母在教育过程中，一定要保持一致的态度，更不可在孩子面前因此产生争执。那么父母该如何调和双方在教子方面的分歧呢？

1. 即便意见不合，也不要当孩子的面反驳

有些父亲主张严格教育，而有些母亲则主张宽松教育。不过，即便是这样，一方在用自己的方式教育孩子时，另一方也不可当面提出反驳。等双方独处时，再就这个问题进行讨论，交换彼此的教育观念，进而达成一个教育共识，然后再用一个教育态度去面对孩子。

2. 无法达成一致时，可以借助书籍以及教育辅导班的力量

当彼此双方无法在教育问题上达成共识时，便可以多阅读一些权威的教子书籍，或者是征询教育辅导班的意见，利用最"科学"的教育指导，来统筹双方的观点，找出一种对孩子最为有益的教育方式。

3. 父母成了父母的教育障碍

隔代教育是一种很普遍的现象，爷爷奶奶、外公外婆对于孙儿更是

格外的袒护，他们希望给予孩子最多的爱，并且还会在父母教育孩子的过程中出手阻拦。所以，父母应该提前和老人沟通，保证教育方向上的一致性，不可以因为老人的溺爱，而毁掉了整个家庭教育，因而耽误孩子的一生。

大人间的战争，受伤的总是孩子

夫妻关系对孩子健全人格的树立有着至关重要的作用。诺特丹大学曾经对此做过一项研究，研究结果表明：不管是孩子看到或者是感觉到了父母双方的不和睦，都会给孩子的心理带来极其消极的影响。不过孩子对这种事情的最终反应，还要取决于父母之间的冲突是否得到了正确的解决，冲突解决到了什么程度。有一条墨菲定律对此做了很好的解释："不要先担心自己的孩子听不听话，而是要担心当你们争吵时，他正在盯着你们的一举一动。"

在很多儿童心理问题咨询上，很多心理学家都发现，孩子的消极情绪和懒怠行为，大多并不是因为孩子本身，而是由夫妻之间的矛盾问题产生的。所以只有父母好好修正彼此的关系，才能够改变孩子目前的状态。

夫妻矛盾几乎属于一种动态性质，它常处于一种不断协调、不断解决日常矛盾的动态过程中。大部分的情况下，父母之间的矛盾通常会在他们内部自行解决，而在此过程中，一方如若感觉到不公平时，便会找第三方加入进行平衡，亦或将这种不公平的待遇发泄到第三方身上，而这个第三方就是孩子。不管是哪一种方法，都会对孩子的心理造成极大的伤害。

丈夫自己开了一家小公司，因为业务应酬的关系，经常很晚才能够回家。而自从丈夫独自开公司后，妻子便辞去工作当起了全职太太，打理家务、教育子女，全力支持丈夫的事业。随着丈夫晚回家的次数越来越多，妻子内心的安全感渐渐崩塌，二人交谈之间开始有了摩擦。二人意见达不成统一，矛盾也不能更好地解决。妻子无助，丈夫无奈。最后，只能将家中六岁的儿子牵扯进来。

妻子经常对儿子抱怨丈夫的不是，抱怨丈夫"不懂得顾家"，而丈夫却也对孩子讲述他母亲的"不可理喻"。后来，这个孩子的情绪变得越来越不稳定，并且时常会做出一些不理智的行为，无法和同龄伙伴进行正常的交流。

在这种过程中，父母双方将自己内心的负面情绪转移到了孩子的身上，而孩子自身的情绪调解能力比较差，无法很好地平衡多种情绪，进而开始产生一些负面的心理，给他的成长带来负面的影响。一场大人之间的战争，让孩子成了最终的受害人，承担了在他这个年龄不该承担的照顾行为。

还有一些父母，为了顾及到孩子的情绪，便采用冷战的方式解决矛盾。其实这样做并不对，孩子虽然很小，没有过多的承受能力，但他们的观察能力却异常地敏锐，即便是微小的不同，他们也能够感受到父母之间的这种不和谐的微妙关系，进而引起孩子心理上的恐惧和紧张，更不利于孩子的成长。

这种影响并不会随着时间的推移而消失，这种情感上的伤害会伴随着孩子的一生，并且会停留在某一种层面上，甚至会映射到孩子日后的行为中，使他们的行为带有某种程度的攻击性。只是，夫妻矛盾是家庭生活中不可避免的，而要想降低对孩子的影响，保护孩子在此种过程中不受到伤害，专家们给了以下几点建议：

1. 避免破坏性的冲突

夫妻冲突必不可少，但是一定要避免破坏性的冲突，比如言语上的攻击、相互动手、冷战等。

2. 考虑到冲突的地点

父母尽量少在孩子面前起冲突，即便双方有什么矛盾，也要选择独处时进行解决，而非当着孩子的面大声争论、吵闹。

3. 积极解决矛盾

当夫妻双方出现矛盾时，不要回避，更不要随意攻击，而是应该选择积极的态度去协商矛盾，以期望求得夫妻间的共识。

4. 让孩子感受到你真诚的态度

墨菲定律中说："不真诚的和解，即便是几岁的孩子，也可以感受到父母关系的真实质量。"所以，当双方发生冲突时，有错的一方要及时道歉，并且要让自己的道歉真诚。

父母离异是孩子不幸生活的开始

现今社会，单亲家庭对孩子成长的影响成了家庭教育研究中的重要课题。就目前状况来看，父母离异似乎已经成了社会中的普遍现象。根据相关研究表明，美国的离婚率高达50%，日本的离婚率在27%左右，韩国的离婚率则在28%左右。

荷兰研究学者范德拉克特表示："每个孩子每年的犯罪概率为1%，而生长在父母离异环境中的孩子，他们的犯罪概率是普通孩子的三倍。"

并有数据显示，在少年犯罪的案例中，有40%的孩子来自于离异家庭。

父母离异给孩子带来了诸多的心理问题：对家庭失去信任；缺乏安全感；人格的单一化；性格偏执、暴力；情绪悲观、失望，甚至会出现自卑孤僻、自闭自弃、忧郁逆反的情况。墨菲定律中说："离异，与其说是父母不幸生活的结束，不如说是孩子不幸生活的开始。"由此可见，单亲家庭带给孩子的不良影响是极其深远的。

那么，之于单亲家庭的父母来说，该如何教导孩子，才能够让孩子健康成长，而不至于受到单亲家庭的不良影响呢？

1. 引导孩子正确认知家庭环境，并给予孩子积极的情感支持

在单亲家庭成长的孩子，心理比一般的孩子要脆弱很多，而这时一个良好的家庭成长环境氛围就显得额外重要。如若孩子在一个轻松、愉悦的环境下成长，对孩子健全的人格养成具有极大的积极作用。所以，父亲（母亲）一定要注意克制自己的不良情绪，让孩子感受到来自单方的全心全意的爱，比如经常陪孩子一起游戏，陪孩子看动画片等。

2. 玩伴之间的关系不容忽视

孩子长大到几岁后，就有必要参与群体生活。父亲（母亲）应该多多鼓励孩子去结交朋友，并积极帮助孩子解决交友过程中的问题。而因单亲家庭的成长环境给孩子带来交际上的心理负担时，家长更要及时地引导，如若有孩子说了刺激性的话，家长应该及时干预；将家庭关系搬上台面，利用玩伴讨论的形式，让孩子更好地理解家庭关系的意义。

3. 敏感的孩子更需要家长的关怀

在单亲家庭成长的孩子，心理比较敏感，即便是很微小的事物都足以引起他们的心理变化。所以家长一定要多多注意孩子的一举一动，当发现孩子不良的心理变化时，一定要进行及时的疏导，并找到妥善解决的方法。如，父母突然的离异，会给孩子带来巨大的心理冲击，使他们无法适应现下的单亲环境，便很容易因外界的一些因素而产生自卑的心理；因心理不成熟的缘故，孩子很容易将父母离异归结到自己的"不听话""学习不好"上，进而产生自责心理，对什么都失去了自信心；抑郁是单亲家庭的孩子最常出现的心理特征，父母关系的决裂会让孩子长期处于恐惧的状态中，内心的敌对情绪越积越多，一旦这种情绪到达了极点，就很容易让孩子走向极端。

4. 没有抚养权的一方，也要经常探望孩子，或者是双方轮流抚养

父爱、母爱对孩子来说是缺一不可的，不管剥夺哪一方的抚养权，都会给孩子留下一生的阴影。所以，父母离异后，没有抚养权的一方也应该经常探望孩子，有抚养权的一方更不可剥夺掉这种权利。而在条件允许的情况下，父母双方也可以选择轮流抚养孩子的方式，让彼此都成为孩子最强的支持者，帮助孩子从父母离异的阴影中走出来。

家庭氛围比遗传更有用

美国心理学家克雷格·莱米说："父母没有必要去完全掌控孩子，并对孩子实施严格、正统的教育。相反，一个随意而又富有启发的家庭氛围，更有利于孩子的成长，有利于孩子智商的提升。"在家庭教育中，良好的家庭氛围有助于孩子健康人格的养成，而不良的家庭氛围则有可能会造就一个有人格缺陷的孩子，由此可见家庭氛围在家庭教育中的重要作用。其作用，我们可以通过以下几个小故事来体会。

波尔加三姐妹，可以说是国际象棋史上的一个奇迹，她们是匈牙利著名的象棋高手，因她们喜好和男生下棋，所以获得了"男子国际特级大师"的称号。波尔加三姐妹分别是苏珊·波尔加、索菲亚·波尔加和朱迪特·波尔加，而她们的父亲便是匈牙利著名的心理学讲师拉斯洛·波尔加。这三姐妹的成功，和她们所生长的优良的家庭氛围是分不开的。

苏珊五岁的时候，有一次父母带着她去探望外公，路上遇到了一群围着石桌下棋的人。苏珊看到此种情形后，便提出想要参与的请求。那时的苏珊，棋艺已经非同一般。在父母的鼓励和支持下，以一块巧克力为赌注，苏珊和一个成年人下棋，结果苏珊赢了，最终得到了那一块巧克力。

索菲亚比较沉迷于象棋排局游戏。有一次，过了家庭规定的十点睡觉时间，索菲亚还蹲在地毯上把玩着象棋。她的父亲发现后，并没有斥责她，而是很幽默地对她说："都已经这么晚了，这些孤独的小棋子也该休息一下了。"索菲亚回答说："如若棋子休息了，那我的孤独可就来了。"

还有一次，拉斯洛正在和客人探讨一件诉讼案，索菲亚兴冲冲地跑进来坐在拉斯洛的腿上，并向他炫耀自己刚刚创造出来的两个排局。拉斯洛不仅没有斥责索菲亚的这种无礼举动，而且还将索菲亚的作品拿给客人看，并夸奖她的创造精神。也就是在这样的家庭氛围中，她们获得了成功的喜悦，她们喜欢别人看到她们成果时的表情。

不得不说，波尔加三姐妹能够取得如此成就，除了她们自身的天赋努力外，父母所给她们营造出来的轻松、愉悦的家庭环境氛围也是极其关键的。心理学家表示，在不和谐的家庭氛围中，也不利于父母教子活动的进行。墨菲定律中说："父母创造了不和谐的家庭氛围，孩子创造出了更不和谐的言行和举动。"所以，营造良好的家庭氛围成了家庭教育活动中的必要前提。

1. 和谐家庭成员的关系

家庭成员关系的和谐，是决定家庭氛围的关键所在。家庭成员关系，既包括长辈与长辈的关系，长辈和晚辈的关系，也包括朋友与朋友间的关系。父母和孩子成了朋友，才能够更加拉近彼此的心理距离，才有利于避免成员之间的心理冲突，提高家庭成员的心理健康水平。

2. 多展现对孩子的爱，少一些对成绩的关怀

在现实社会中，会出现一种很奇怪的氛围状况：当孩子取得了比较好的成绩时，全家其乐融融；当孩子取得不好的成绩时，全家死气沉沉。虽然父母对孩子抱有某种期望，几乎是家庭关系的常态。但是，父母的期望值一定要符合孩子的能力，不可期望过高，更不可将过多的关心放在孩子的成绩单上。过高的期望，会成为孩子的心理负担，也会成为父母的心理负担，进而影响到家庭关系的和谐。所以，父母应该将注意力放在孩子的身心健康上，关注孩子的心理健康发展，多带着孩子做一些有意义的事情，并且多和孩子沟通交流等。

3. 提高父母自身的素质

营造轻松愉悦的家庭氛围的同时，也是对父母的一次自我教育。在此过程中，父母要有意识地提高自己的文化素养，提高自己的心理素质，提高自己的品德素养等，因为父母的一举一动都将会给孩子带来极为重大的影响。

强势的母亲希望家庭好，家庭却变得糟糕

美国耶鲁大学社会心理学家斯滕伯格认为："夫妻之间维系爱情的第一要素便是亲密，而这种亲密是二人在平行互等的基础上，所建立起

来的一种互相喜欢的心理感觉。其中就包含彼此间的尊重、欣赏、期望以及心灵的沟通。而相互尊重又是其中最为重要的因素。"

　　强势的母亲便会打破这种平行互等的关系模式，并进而主导父亲、孩子的行为，使得父亲处于一个被放逐的不良状态。父亲得不到应有的尊重，得不到平等的家庭地位，势必会影响二人之间的亲密关系，对夫妻关系和家庭环境氛围的营造带来很不良的影响，甚至会造成夫妻关系的彻底决裂。就像墨菲定律中所说的那样："强势的母亲希望家庭变得更好，却将家庭变得更加糟糕。"

　　那么，强势的母亲对于孩子会有什么样的影响呢？

　　奥地利精神病学家、个体心理学创始人阿尔弗雷德·阿德勒认为："有一个强势的母亲，女儿会效仿母亲的行为长成刻薄挑剔的模样；男孩因畏惧这种权威，而变得胆小恭顺。"

1. 强势的母亲，容易使孩子陷入自卑的境地

　　过于强势的母亲，通常会对孩子制定一个过高的标准，对孩子有无数的要求。当孩子的表现不如自己的理想时，就会遭到强势母亲的批评和斥责，打击孩子的自信心，进而让孩子陷入自卑的不良境地。

2. 孩子得不到进步时应该体验到的快乐

　　墨菲定律中说："在强势的人那里，没有一种结果是完美的。"同样，在强势的母亲那里，孩子的行为中也没有一种是可以达到完美标准的。即便孩子取得了一些进步，而母亲所看到的还是那些缺点，并且喜欢将这种缺点无限放大，进而忽视了孩子进步的点滴，剥夺了孩子感受进步快乐的权利。

3. 对孩子个性的发展带来消极的影响

　　心理学家格尔说："父亲是一个独特的存在，在培养孩子过程中有独特的力量。"每日和父亲接触两个小时以上的孩子，和每日接触不到一小时的孩子相比，人际关系会更加融洽，人格特质也会更加完善。如若母

亲过于强势，进而剥夺了父亲的这种优势权利，让父亲的优势人格处于边缘化状态，使得孩子感受不到父亲高大威猛的人物形象，独立、自信、果敢、积极的人格品质，缺乏父性教育，就不利于孩子之后的成长。

4. 使得孩子的性别认识变得模糊

在母亲主导的家庭环境中，对于男孩来说，父亲是他成为男人的主要效仿对象，而失去了平等地位的父亲无法对孩子施行这一教育，进而使得孩子对性别的认识和发展产生模糊的印象，甚至会产生"恋母情结"；对于女孩来说，强势的母亲就是她的一面镜子，边缘的父亲则是她认知异性的一面镜子，这一家庭关系会影响到女孩将来的夫妻关系。

由此可见，母亲过于强势，对于家庭教育环境的营造是非常不利的。所以具有强势性格的母亲要改掉这一认知习惯，要让孩子的心中树立起对父亲的正确认知和印象。所以，一个聪明的妈妈，会尊重家庭生活中平行互等的夫妻关系，给予丈夫最大的尊重和教子机会，给孩子营造一个正常的家庭成长环境。

★测试：你的家庭环境如何

根据实际情况，选出符合的选项。

1. 你的家庭会不会很专制（　　）

　　A. 不会　　　　B. 会

2. 你平日对孩子很纵容（　　）

　　A. 会　　　　　B. 不会

3. 对于孩子的智力开发，你比较重视（   ）

　　A. 是　　　　　B. 不是

4. 经常会将孩子放在爷爷奶奶身边（   ）

　　A. 是　　　　　B. 不是

5. 你的孩子有足够的毅力吗（   ）

　　A. 有　　　　　B. 没有

6. 你总将孩子看作是幼儿（   ）

　　A. 是　　　　　B. 不是

7. 你的孩子在问题面前比较喜欢开动脑筋（   ）

　　A. 是　　　　　B. 不是

8. 对于孩子的独立行为，你经常会出手制止（   ）

　　A. 会　　　　　B. 不会

9. 你的孩子依赖心理并不强（   ）

　　A. 是　　　　　B. 不是

10. 孩子无法克制自己的情绪（   ）

　　A. 是　　　　　B. 不是

11. 你注重培养孩子多方面的才能（   ）

　　A. 是　　　　　B. 不是

12. 在困难面前，你的孩子会退缩（   ）

　　A. 会　　　　　B. 不会

测试结果：

单号序列 A 为 1 分，双号序列 B 为 1 分，其他答题为 0 分。

10 分以上：家庭环境比较好，有利于孩子的成长发展。

6～9 分：家庭环境一般，对于孩子的发展还没有高度的重视。

5 分以下：家庭环境急需改进，要为孩子创造一个良好的成长环境。

参考文献

［1］王伟芳编著. 墨菲定律启示录［M］. 北京：中国长安出版社，2015.

［2］阿瑟·布洛赫著，曾晓涛译. 墨菲定律［M］. 太原：山西人民出版社，2012.

［3］李原著. 墨菲定律：世界上最有趣最有用的定律［M］. 北京：中国华侨出版社，2013.

［4］陈鹤琴著. 大教育书系：家庭教育［M］. 武汉：长江文艺出版社，2013.

［5］蒙台梭利著，爱立方译. 蒙台梭利早教系列［M］. 北京：北京理工大学出版社，2015.

［6］威特著，刘恒新译. 卡尔·威特的教育［M］. 北京：京华出版社，2004.

［7］王佳著. 不一样的孩子心理学：13岁前，父母一定要懂的那些心理学［M］. 北京：中国华侨出版社，2012.

［8］李敏著. 父母要懂心理学［M］. 天津：天津科学技术出版社，2008.

［9］张尚国著. 好父母必读的心理学［M］. 北京：北京工业大学出版社，2010.